JN044065

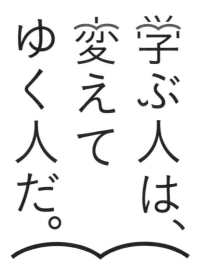

学ぶ人は、
変えて
ゆく人だ。

目の前にある問題はもちろん、

人生の問いや、

社会の課題を自ら見つけ、

挑み続けるために、人は学ぶ。

「学び」で、

少しずつ世界は変えてゆける。

いつでも、どこでも、誰でも、

学ぶことができる世の中へ。

旺文社

7日間完成

文部科学省後援

英検®3級
予想問題ドリル

[6訂版]

英検®は，公益財団法人 日本英語検定協会の登録商標です。

はじめに

　もうすぐ試験本番—そんなときに一番大事な英検対策は，試験形式に慣れることです。
『7日間完成 英検 予想問題ドリル』シリーズは，7日間で試験本番に向けて，直前の総仕上げができる問題集です。目安として1日1セットずつ学習することで，最新の試験形式に慣れることができ，合格への実力が養成されるように構成されています。

　本書には以下のような特長があります。

本番に限りなく近い予想問題！
過去問分析を基にした本番に近い予想問題を収録しています。
また，各回の最初に，単熟語，文法，問題攻略法等をまとめたページもあるので，効率よく重要事項を押さえることができます。

学習スタイルに合わせて音声が聞ける！
リスニングアプリ「英語の友」を使ってスマホでの音声再生が可能です。また，PCからの音声ファイルダウンロードにも対応しています。

面接（スピーキングテスト）にも対応！
本書1冊で面接対策までカバーしています。

採点・見直しが簡単にできる！
各Dayの筆記試験・リスニングテストは採点・見直し学習アプリ「学びの友」対応。
解答をオンラインマークシートに入力するだけで簡単に採点ができます。

　本書を活用し，合格に向かってラストスパートをかけてください！　皆さんの英検3級合格を心より願っています。最後に，本書の刊行にあたり多大なご尽力をいただきました敬愛大学教授 向後秀明先生に深く感謝の意を表します。

※本書の内容は，2024年2月時点の情報に基づいています。実際の試験とは異なる場合があります。受験の際は，英検ウェブサイト等で最新情報をご確認ください。
※本書は旧版である5訂版の収録問題を，2024年度以降の試験形式に合わせて問題追加・再編集したものです。
※このコンテンツは，公益財団法人 日本英語検定協会の承認や推奨，その他の検討を受けたものではありません。

Contents

執筆：向後秀明（敬愛大学）

編集協力：株式会社シー・レップス，Daniel Joyce，入江泉，Jason A. Chau，鹿島由紀子，株式会社鷗来堂

デザイン：相馬敬徳（Rafters）

装丁イラスト：根津あやぼ　　本文イラスト：駿高泰子，瀬々倉匠美子，有限会社アート・ワーク

録音：ユニバ合同会社　　ナレーション：Greg Dale，Julia Yermakov，大武芙由美　　組版：株式会社明昌堂

本書の使い方

本書を以下のような流れに沿って使うことで，7日間で対策をすることができます。

❶ 試験について知る
本冊p.5「英検3級の試験形式と攻略法」をよく読んで内容を把握しましょう。

Day 1～7に7日間取り組む

❷ 学習する
冒頭の まとめ で合格に必要な知識を把握しましょう。
● 付属の赤セルを使って，単語や表現を暗記しましょう。

→

❸ 問題を解く
模試 に挑戦しましょう。
● 制限時間内に解きましょう。
● 付属のマークシートもしくは自動採点サービス(詳しくはp.4)で解答しましょう。

❹ 答え合わせをする
別冊の「解答と解説」で答え合わせをしましょう。
● どの技能も6割以上正解していれば，合格の可能性は高いでしょう。

音声について

本書の音声は，以下の2通りでご利用いただけます。

音声ファイルで再生

詳しくはp.4をご覧ください。収録箇所は🔊001 などで示しています。

アプリ「英語の友」（iOS/Android）で再生

❶「英語の友」公式サイトより，アプリをインストール
（右の二次元コードから読み込めます）
https://eigonotomo.com/

英語の友　　検索

❷ ライブラリより本書を選び，「追加」ボタンをタップ

※本アプリの機能の一部は有料ですが，本書の音声は無料でお聞きいただけます。アプリの詳しいご利用方法は「英語の友」公式サイト，あるいはアプリ内のヘルプをご参照ください。
※本サービスは予告なく終了することがあります。

Web特典について ※本サービスは予告なく終了することがあります。

アクセス方法

❶以下のURLにアクセス（右の二次元コードから読み込めます）

https://eiken.obunsha.co.jp/yosoudrill/

❷「3級」を選択し，以下の利用コードを入力

vmpazy ※すべて半角アルファベット小文字

特典内容

音声ファイルダウンロード

「音声データダウンロード」からファイルをダウンロードし，展開してからオーディオプレーヤーで再生してください。音声ファイルはzip形式にまとめられた形でダウンロードされます。展開後，デジタルオーディオプレーヤーなどで再生してください。

※音声の再生にはMP3を再生できる機器などが必要です。
※ご利用機器，音声再生ソフト等に関する技術的なご質問は，ハードメーカーまたはソフトメーカーにお願いいたします。

スピーキングテスト対策

スピーキングテストの予想問題が体験できます。画面と音声の指示に従い，受験者になったつもりで音読したり，面接委員の質問に答えたりしましょう。問題はDay 7に収録されている面接問題で，Day 7の二次元コードを読み込むことでもアクセスできます。

自動採点サービスについて

本書収録の筆記試験・リスニングテストを，採点・見直し学習アプリ「学びの友」で簡単に自動採点することができます。（ライティングは自己採点です）

□ 便利な自動採点機能で学習結果がすぐにわかる
□ 学習履歴から間違えた問題を抽出して解き直しができる
□ 学習記録カレンダーで自分のがんばりを可視化

❶「学びの友」公式サイトへアクセス（右の二次元コードから読み込めます）

https://manatomo.obunsha.co.jp 　学びの友 　検索

❷アプリを起動後，「旺文社まなびID」に会員登録（無料）

❸アプリ内のライブラリより本書を選び，「追加」ボタンをタップ

※iOS／Android端末，Webブラウザよりご利用いただけます。アプリの動作環境については「学びの友」公式サイトをご参照ください。なお，本アプリは無料でご利用いただけます。
※詳しいご利用方法は「学びの友」公式サイト，あるいはアプリ内ヘルプをご参照ください。
※本サービスは予告なく終了することがあります。

英検３級の試験形式と攻略法

筆記試験（65分）

1 短文の語句空所補充 | 目標時間10分 | 15問

短文または会話文中の（　　）に適する語（句）を，4つの選択肢から1つ選ぶ問題です。15問のうち，単語（名詞，動詞，形容詞，副詞，前置詞など）が7問程度，熟語が5問程度，文法が3問程度です。

> *(1)* Jack has no money because somebody stole his (　　　　) on the bus.
> **1** tournament　**2** wallet　**3** secret　**4** chance

攻略法 単語は，問題文の意味をできるだけ正確に理解して，空所にどのような語が入れば文意が成り立つかを考えてから選択肢を見るようにしましょう。熟語は，熟語の中の1語を埋めるパターンがほとんどなので，特に空所前後の語句との結びつきを考えましょう。どの語が空所になっていても対応できるように，表現全体を覚えておくことが大切です。文法は，疑問文・否定文，時制（現在完了を含む），受動態，分詞，不定詞，動名詞，関係代名詞，比較などがよく出題されます。選択肢の語の形などから問題のポイントを把握し，文の意味や空所前後の語句との関係から判断しましょう。

2 会話文の文空所補充 | 目標時間5分 | 5問

A-BまたはA-B-Aの会話文中の（　　）に適する語句や文を，4つの選択肢から1つ選ぶ問題です。

> *(16)* **Man:** Shall we meet in front of the Italian restaurant?
> **Woman:** Well, I don't know the place well, so (　　　　　　)
> **Man:** OK. See you later.
> **1** what shall we eat?　**2** how about at the station?
> **3** I can walk there.　**4** I'll take you there.

攻略法 会話文の全体的な流れを理解するとともに，空所にどのような内容が入れば自然な会話になるかを考えましょう。空所の前の文の続きとして合うものを選ぶだけでなく，空所の後の文との関係がポイントになる問題も出題されます。依頼・許可・勧誘・提案・申し出などの決まった表現と，それに対する応答表現をセットで覚えておきましょう。

3 長文の内容一致選択 | 目標時間20分 | 10問

[A]，[B]，[C]の３種類が出題され，[A]は掲示・お知らせ（2問），[B]はEメール
または手紙文（3問），[C]は説明文（5問）です。英文の内容に関する質問に答えたり，
内容に合うように文を完成させたりする問題が出題されます。

Notice from Greenwood Park

Do you like to take photos?
Greenwood Park is having a photo contest this year
during the spring festival.

To enter the contest, you must
● take a photo in Greenwood Park.
● give your photo a title.
● send the photo to us by March 15th.

How can you win?
We will show the photos in the main building from April 1st to April 7th
and ask visitors to choose their favorites. The prize for the photo that
gets the most "favorites" is a $100 gift card.

For more information, please check our website:
www.greenwoodpark.org

(21) What is this notice about?
1 The opening of a building.
2 The changing of festival dates.
3 A contest for taking photos.
4 A new park website.

攻略法 先に質問と選択肢を読み，読み取るポイントをチェックしましょう。掲示では，
誰が，何の目的で，誰に向けて作ったものかをつかみ，日付，時間，場所，費用などに
関する表現に注意します。Eメール・手紙文，説明文では，各段落の概要を把握しなが
ら，質問に関する情報を含んでいる英文を特に丁寧に読むようにします。

4〜5 英作文 | 目標時間30分 | 2問

1問は「Eメール」形式の出題です。この問題では，外国人からEメールを受け取ったと
いう設定で，その中に含まれている２つの質問に対応する内容を自由に考えて書きます。
英文の語数の目安は，15語〜25語程度です。もう１問は「意見論述」の出題です。こ
の問題では，日常生活に関する身近な話題についてQUESTIONが出され，それに対す
る自分の考えとその理由2つを書きます。英文の語数の目安は，25語〜35語程度です。

攻略法 「Eメール」の問題では，受け取ったEメールから，話題と２つの質問内容を理
解します。次に，各質問に対してどのような内容を答えるかを自分で考えて書きます。分
量が15語〜25語程度になっていない場合は，関連する情報を書き足すなどして調整し
ましょう。「意見論述」の問題では，QUESTIONを正確に理解し，問われていることに
対応した内容を書くようにします。書き出しはQUESTIONで使われている表現を利用
して，自分の考えを書きます。続いて，自分がそう考える具体的な理由を２つ書き，分
量が25〜35語程度になっているかを確認します。いずれの問題でも，英文を書く際は，
適切な単語（つづりにも注意）・表現・文法を使うことが大切です。

リスニングテスト（約**25**分）

第 *1* 部 会話の応答文選択 | 放送回数1回 | 10問

イラストを参考にしながら会話を聞き，最後の発話に対する応答として最もふさわしいものを3つの選択肢から1つ選ぶ問題です。問題冊子にはイラストだけが印刷されていて，選択肢も放送されます。会話・選択肢とも放送回数は1回です。

No. 1

☆ : Could you make copies of these, John?
★ : Sure. How many do you want?
☆ : Please make 20 of each.
1 The copy machine is over there.
2 I'll do it right away.
3 Yes, it's yours.

攻略法　友達同士，先生と生徒，親子などの家族，会社の同僚，店員と客などの会話が中心で，電話での会話も出題されます。放送が始まる前にイラストを見て，場面設定や話者の関係をイメージしておきましょう。特に最後の発話に注意して聞くようにします。最後の発話が疑問文であれば問われている内容に合った選択肢を選び，それ以外の文の場合は，その状況でどのような応答が適切かを判断します。

第 *2* 部 会話の内容一致選択 | 放送回数2回 | 10問

A-B-A-Bの会話とその内容に関する質問を聞いて，質問の答えとして適切なものを4つの選択肢から1つ選ぶ問題です。会話と質問は2回放送されます。

No. 11
1 He played soccer.
2 He met a tennis coach.
3 He visited a friend.
4 He went fishing.

☆ : I heard that you like to play sports.
★ : Yeah, I usually play tennis or soccer with my friends on weekends.
☆ : Did you play last weekend?
★ : No, I went fishing with my dad.
Question : What did the boy do last weekend?

攻略法　話者は第1部と同様で，質問はすべて疑問詞で始まる疑問文です。1回目の放送では，会話の話題・概要と質問で問われていることを理解し，2回目の放送では，特に質問に関係する部分に集中して聞くようにしましょう。質問では一方の話者についてたずねる場合が多いので，話者の名前や男性・女性の区別を意識しながら聞きましょう。放送文中の表現を言い換えて正解の選択肢が作られている場合もあります。

英文とその内容に関する質問を聞いて，質問の答えとして適切なものを4つの選択肢から1つ選ぶ問題です。英文と質問は2回放送されます。

No. 21

1 He must change schools.
2 He lost a soccer game.
3 His best friend is moving.
4 His father will go to New York.

Paul is my best friend. He lives next door, and we go to the same school. We often play soccer together. However, he will move to New York next month because of his father's work. I'll miss him very much.
Question：Why is the boy sad?

攻略法 第2部と同様，1回目の放送では全体の内容と質問を把握し，2回目の放送では質問の答えとなる部分に気をつけて聞くようにします。放送文中に同じ種類の情報（時，人，値段など）が複数出てきて，それらの違いが問われる問題が多いので，各情報を混同しないように整理しながら聞くことがポイントです。また，Where is the man talking?のように，全体から正解を判断する問題も出題されます。

面接（スピーキングテスト）（約5分）

英文（パッセージ）とイラストの付いた問題カードが渡され，20秒の黙読の後，英文を音読するよう指示されます。それから，5つの質問をされます。

問題	形式・課題詳細
音読	30語程度の英文を，黙読に続いて音読する。
No.1	音読した英文の内容に関する質問に答える。
No.2 ／ No.3	イラストに関する質問で，イラストに描かれている人物の行動や物の状況を描写する。
No.4 ／ No.5	日常生活の身近な事柄についての質問に答える。（問題カードの話題に直接関連しない内容も含む）

攻略法 No.1は，問題カードの英文に関する質問です。英文は3文程度で構成されていることが多いので，どの文に解答が含まれているかを特定することが大切です。No.2,3では，問題カードのイラストについて，現在の動作（What is ～ doing?），これからの動作（What is ～ going to do?），数（How many ～?），場所（Where is ～?）などが問われるので，質問をしっかり理解しましょう。No.4, 5は受験者自身に関する質問です。No.4では，休みの予定や何をするのが好きかなどが問われます。No.5の質問は2つで，最初はYes/Noで答える質問，2番目の質問は，Yesの場合はWhy?やPlease tell me more.など，Noの場合はWhy not?のほか，最初の質問とは違う話題を聞かれることもあります。自分のことについて，自由に答えましょう。

よく出る単語をマスターしよう！

単語は筆記１で出題され，名詞，動詞，形容詞，副詞，前置詞などが中心です。いずれも，中学校の教科書に出てくるレベルの語です。単語力は他の問題を解く際にも大きなポイントになります。

☑ よく出る単語をチェック

1 名詞

☐ accident	事故	☐ information	情報
☐ address	住所，アドレス	☐ package	荷物，小包
☐ college	大学	☐ reason	理由
☐ difference	違い	☐ scientist	科学者
☐ floor	階，床	☐ secret	秘密
☐ future	将来	☐ sign	看板，掲示
☐ goal	得点，目標	☐ stamp	切手
☐ health	健康	☐ tourist	旅行者
☐ horizon	地平線，水平線	☐ tournament	トーナメント，試合

2 動詞

☐ continue	続ける	☐ invite	招待する
☐ cross	横断する，横切る	☐ miss	乗り遅れる，〜がいなくて寂しく思う
☐ decide	決める	☐ order	注文する
☐ exchange	交換する	☐ pay	支払う
☐ explain	説明する	☐ receive	受け取る
☐ follow	したがう，ついていく	☐ return	戻る，〜を戻す
☐ happen	起こる	☐ save	救う，貯える
☐ hurt	傷つける	☐ taste	〜の味がする

Day 1
Day 2
Day 3
Day 4
Day 5
Day 6
Day 7

3 形容詞

☐ absent	欠席して	☐ heavy	重い
☐ angry	怒った	☐ main	主な
☐ common	共通の	☐ narrow	狭い
☐ crowded	混雑した	☐ nervous	緊張して
☐ dark	暗い	☐ poor	貧しい
☐ deep	深い	☐ possible	可能な
☐ delicious	おいしい	☐ shy	内気な，恥ずかしがりの
☐ foreign	外国の	☐ silent	静かな，無言の

4 副詞・前置詞・接続詞

☐ abroad	外国で[に]	☐ behind	～のうしろに
☐ across	～を横切って	☐ below	～の下方に
☐ almost	ほとんど	☐ since	（～して）～以来
☐ beside	～のそばに	☐ until	～まで
☐ during	～のあいだ	☐ while	～するあいだ
☐ finally	最後に，ついに	☐ without	～なしで
☐ along	～に沿って		

5 3級頻出の不規則な過去分詞形をチェックしよう

原形と意味	過去形	過去分詞形	原形と意味	過去形	過去分詞形
begin 始まる，始める	began	begun	know 知る	knew	known
break 壊れる，折る	broke	broken	ride 乗る	rode	ridden
do する	did	done	see 見る，会う	saw	seen
eat 食べる	ate	eaten	speak 話す	spoke	spoken
fall 落ちる	fell	fallen	spend （お金・時間を）使う	spent	spent
give 与える	gave	given	take 取る，持っていく	took	taken
go 行く	went	gone	write 書く	wrote	written

筆記試験＆リスニングテスト

試験時間 **筆記65分** **リスニング約25分**

1　次の**(1)**から**(15)**までの（　　　　）に入れるのに最も適切なものを**1**, **2**, **3**, **4**の中から一つ選び，その番号のマーク欄をぬりつぶしなさい。

Day 1
Day 2
Day 3
Day 4
Day 5
Day 6
Day 7

(1) Jack has no money because somebody stole his (　　　) on the bus.
1 tournament　　**2** wallet　　　**3** secret　　　**4** chance

(2) Cindy didn't understand one of the problems in her math homework, so she asked her father to (　　　) it to her.
1 save　　　　**2** pick　　　　**3** explain　　　**4** contact

(3) *A:* When did you move to this town?
B: I came here at the (　　　) of seven.
1 season　　　**2** color　　　**3** size　　　　**4** age

(4) *A:* I can't (　　　) anything Sam says.
B: I was just thinking the same thing because he's always lying to me.
1 believe　　　**2** decide　　　**3** return　　　**4** invite

(5) The bag was very (　　　), so Helen could not buy it.
1 correct　　　**2** expensive　　**3** comfortable　**4** useful

(6) Jane was smart (　　　) to get a good grade on the exam.
1 much　　　　**2** fast　　　　**3** enough　　　**4** well

(7) When Christopher Columbus finally (　　　) America, he thought it was India.
1 performed　　**2** received　　**3** called　　　**4** reached

(8) *A:* I can't find my pencil.
 B: Oh, is this pencil yours? I (   ) it up beside your desk.
 1 bought   **2** picked   **3** made   **4** woke

(9) You should answer the e-mail as soon as (   ).
 1 possible   **2** could   **3** can   **4** able

(10) The students are going on a school trip to Okinawa next week. They are really (   ) forward to it.
 1 taking   **2** getting   **3** looking   **4** keeping

(11) *A:* I couldn't speak English much at the international party.
 B: I think your English will get better if you aren't (   ) of making mistakes.
 1 surprised   **2** afraid   **3** sorry   **4** dangerous

(12) *A:* Can you turn (   ) the music, Mike? I'm studying.
 B: Oh, I'm sorry.
 1 about   **2** down   **3** with   **4** in

(13) *A:* Your sister likes reading novels, (   ) she?
 B: Yes. She especially likes mysteries.
 1 don't   **2** isn't   **3** doesn't   **4** didn't

(14) *A:* What time does the tennis match (   )?
 B: At 9:30. We have only five minutes. Hurry up!
 1 begin   **2** begins   **3** will begin   **4** began

(15) Ted hasn't (   ) any letters to his parents since he moved out last summer.
 1 write   **2** writes   **3** wrote   **4** written

2　次の *(16)* から *(20)* までの会話について，（　　　）に入れるのに最も適切なものを **1**，**2**，**3**，**4**の中から一つ選び，その番号のマーク欄をぬりつぶしなさい。

---

(16)　　*Man:*　Shall we meet in front of the Italian restaurant?

　　Woman:　Well, I don't know the place well, so (　　　　　)

　　Man:　OK.　See you later.

　1　what shall we eat?　　　　　**2**　how about at the station?

　3　I can walk there.　　　　　　**4**　I'll take you there.

Day 1

(17)　　*Teacher:*　Have you ever been abroad?

　　Student:　No, but (　　　　　　) One of my friends lives in Canada,
　　　　　and he has invited me to stay with him.

　1　it was fun.　　　　　　　　**2**　I'm fine.

　3　I didn't want to.　　　　　　**4**　I'd love to go.

Day 2

(18)　　*Husband:*　Kate, it's already two o'clock.　(　　　　　　)

　　Wife:　Just a moment.　I'm looking for my hat.

　Husband:　Hurry up!　I don't want to miss the train.

　1　What time is it?　　　　　　**2**　Where are you going?

　3　Are you ready?　　　　　　　**4**　Are you sure?

Day 3

Day 4

(19)　　*Man 1:*　I hear your sister is in the hospital.

　　Man 2:　That's right.　(　　　　　　), so I hope she'll get better before
　　　　　then.

　1　I go there every day　　　　**2**　I'll talk to you tonight

　3　She's fine today　　　　　　**4**　Her birthday is coming soon

Day 5

Day 6

(20)　　*Boy 1:*　I don't think I can play soccer with you after school today.

　　Boy 2:　(　　　　　　)

　Boy 1:　My mother has been sick since last week.

　1　Why not?　　　　　　　　**2**　When did you go?

　3　Who was it?　　　　　　　**4**　How much is it?

Day 7

3 **A** 次の掲示の内容に関して，*(21)* と *(22)* の質問に対する答えとして最も適切なものを **1**，**2**，**3**，**4**の中から一つ選び，その番号のマーク欄をぬりつぶしなさい。

Notice from Greenwood Park

Do you like to take photos?
Greenwood Park is having a photo contest this year
during the spring festival.

To enter the contest, you must

- take a photo in Greenwood Park.
- give your photo a title.
- send the photo to us by March 15th.

How can you win?

We will show the photos in the main building from April 1st to April 7th and ask visitors to choose their favorites. The prize for the photo that gets the most "favorites" is a $100 gift card.

For more information, please check our website:
www.greenwoodpark.org

(21) What is this notice about?
  1 The opening of a building.
  2 The changing of festival dates.
  3 A contest for taking photos.
  4 A new park website.

(22) What can people get as a prize?
  1 Free concert tickets.
  2 A gift card.
  3 A hundred dollars in cash.
  4 A photo of the festival.

Day
1
Day
2
Day
3
Day
4
Day
5
Day
6
Day
7

3 **B** 次のEメールの内容に関して，*(23)* から *(25)* までの質問に対する答えとして最も適切なもの，または文を完成させるのに最も適切なものを **1**，**2**，**3**，**4** の中から一つ選び，その番号のマーク欄をぬりつぶしなさい。

From: Kevin Gardner
To: Yoshio Tanaka
Date: March 21
Subject: My cousin's visit

....

Hi Yoshio,

My cousin James is coming to Japan from Singapore on Friday. He's going to stay at my house for five days. I want to show him around town on Sunday, but I haven't decided where to take him. James is interested in art, but I don't know much about the museums around here. Also, he loves soccer, and he's on the soccer team at his school in Singapore. Do you have any ideas? If you can come with us, that would be great, too.

Take care,
Kevin

From: Yoshio Tanaka
To: Kevin Gardner
Date: March 22
Subject: Places to visit

....

Hello Kevin,

There is a soccer game at the local stadium on Sunday. It starts at 10:00 a.m. You can buy tickets through the Internet. And there's an art museum in town. It's small but nice. It is open until 6:30 p.m., so why don't you take your cousin there after the soccer game? I'm sorry, but I can't go with you because I'm going to a musical with my sister on Sunday. I hope you and your cousin have a great time.

Your friend,
Yoshio

From: Kevin Gardner
To: Yoshio Tanaka
Date: March 23
Subject: Thank you!

....

Hi Yoshio,

Thanks for your advice. I'm sure James would like to see the soccer game. After the game, we'll have lunch. I'm planning to take him to the new restaurant that you told me about last week. Then, in the afternoon I'll take him to the art museum. I hope you enjoy the musical. Thanks again.

See you,

Kevin

Day
1
Day
2
Day
3
Day
4
Day
5
Day
6
Day
7

(23) What does Kevin want to do for James?
   1 Show him around his school.
   2 Pick him up at the stadium.
   3 Teach him how to use the Internet.
   4 Take him to some nice places.

(24) Why won't Yoshio join Kevin and James on Sunday?
   1 He doesn't like art.
   2 He doesn't know James well.
   3 He couldn't buy a ticket.
   4 He has plans with his sister.

(25) On Sunday morning, Kevin and James will
   1 go to a museum.
   2 go to a musical.
   3 watch a soccer game.
   4 meet Yoshio and his sister.

3

C

次の英文の内容に関して，*(26)* から *(30)* までの質問に対する答えとして最も適切なもの，または文を完成させるのに最も適切なものを **1**，**2**，**3**，**4** の中から一つ選び，その番号のマーク欄をぬりつぶしなさい。

Tomato Throwing Festival

If you go to eastern Spain in August, you can see one of the world's biggest food festivals. In the small town of Bunol, 38 kilometers from Valencia, there is a festival that lasts for a week. The main event of the festival starts at eleven o'clock on the last Wednesday in August. It is called La Tomatina.

More than 20,000 local people and tourists come to Bunol for La Tomatina. At La Tomatina, people throw tomatoes at each other for about an hour, so it is also known as the "tomato fighting" festival. More than 100,000 kilograms of tomatoes are used for La Tomatina.

After people have finished throwing the tomatoes, the town becomes red with them. Of course, all the people are covered with tomatoes, too. Some people do not wear shirts because they know they will get dirty. Also, people leave their cameras at home because taking pictures is difficult during the tomato-throwing fight.

After the tomato fighting finishes, the town cleans the streets with a special machine. This usually takes only a few hours. When everyone and everything is clean, people return to their homes.

How did this interesting festival begin? The first La Tomatina was in 1945, but no one knows why or how it started. Some people say it started as a fight between friends. Other people believe that it is about a war that happened long ago. But now, it is an event that people from around the world can enjoy.

Day 1
Day 2
Day 3
Day 4
Day 5
Day 6
Day 7

(26) What do people do at La Tomatina?
    1 Throw tomatoes at each other.
    2 Enjoy watching many kinds of sports.
    3 Buy tomatoes at special prices.
    4 Bring their pets.

(27) How many kilograms of tomatoes are used at La Tomatina?
    1 Around 11.
    2 About 38.
    3 Under 20,000.
    4 Over 100,000.

(28) When people go to La Tomatina, they should
    1 bring cameras to take pictures.
    2 wear new shirts for the festival.
    3 be ready to get covered with tomatoes.
    4 eat many different kinds of tomatoes.

(29) What happens after the tomato fighting?
    1 A film festival begins.
    2 The streets are cleaned.
    3 People go to another event.
    4 A long summer vacation starts.

(30) What is this story about?
    1 How to plan a summer festival for tourists.
    2 How a festival in Bunol first started.
    3 What one of the largest festivals in Spain is like.
    4 Why festivals are not popular with local people.

4　ライティング（Eメール）

●あなたは，外国人の友達（David）から以下のEメールを受け取りました。Eメールを読み，それに対する返信メールを，[　]に英文で書きなさい。
●あなたが書く返信メールの中で，友達（David）からの2つの質問（下線部）に対応する内容を，あなた自身で自由に考えて答えなさい。
●あなたが書く返信メールの中で[　]に書く英文の語数の目安は，15語～25語です。
●解答は，解答用紙の裏面にあるEメール解答欄に書きなさい。なお，解答欄の外に書かれたものは採点されません。
●解答が友達（David）のEメールに対応していないと判断された場合は，0点と採点されることがあります。友達（David）のEメールの内容をよく読んでから答えてください。
●[　]の下のBest wishes, の後にあなたの名前を書く必要はありません。

Hi,

Thank you for your e-mail.
I heard that you went to see the new movie at the theater last weekend. Tell me more about it. What kind of movie is it? And how was the movie?

Your friend,
David

Hi, David!

Thank you for your e-mail.

解答欄に記入しなさい。

Best wishes,

20

5 ライティング（英作文）

●あなたは，外国人の友達から以下の**QUESTION**をされました。

●**QUESTION**について，あなたの考えとその理由を2つ英文で書きなさい。

●語数の目安は25語〜35語です。

●解答は，解答用紙の裏面にある英作文解答欄に書きなさい。なお，解答欄の外に書かれたものは採点されません。

●解答が**QUESTION**に対応していないと判断された場合は，0点と採点されることがあります。**QUESTION**をよく読んでから答えてください。

Day 1
Day 2
Day 3
Day 4
Day 5
Day 6
Day 7

QUESTION

What country would you like to visit in the future?

Listening Test

❶このテストには, 第1部から第3部まであります。英文は第1部では一度だけ, 第2部と第3部では二度, 放送されます。

第1部	イラストを参考にしながら対話と応答を聞き, 最も適切な応答を**1**, **2**, **3**の中から一つ選びなさい。
第2部	対話と質問を聞き, その答えとして最も適切なものを**1**, **2**, **3**, **4**の中から一つ選びなさい。
第3部	英文と質問を聞き, その答えとして最も適切なものを**1**, **2**, **3**, **4**の中から一つ選びなさい。

❷No. 30のあと, 10秒すると試験終了の合図がありますので, 筆記用具を置いてください。

第1部 🔊 001〜011

No. 1

No. 2

No. 3

No. 4

No. 5

No. 6

No. 7

No. 8

No. 9

No. 10

Day
1

Day
2

Day
3

Day
4

Day
5

Day
6

Day
7

No. 11	**1** He played soccer.
	2 He met a tennis coach.
	3 He visited a friend.
	4 He went fishing.

No. 12	**1** Go to the cleaners.
	2 Buy a shirt.
	3 Make dinner with his mother.
	4 Return the books.

No. 13	**1** Spring.
	2 Summer.
	3 Fall.
	4 Winter.

No. 14	**1** She doesn't feel well.
	2 She has work to do.
	3 The restaurant is closed.
	4 Her friend is coming to visit.

No. 15	**1** For two days.
	2 For three days.
	3 For four days.
	4 For five days.

No. 16	**1** At a zoo.
	2 At a school.
	3 At an office.
	4 At a museum.

No. 17	**1** Eating vegetables.
	2 Growing potatoes.
	3 Watching TV.
	4 Cooking.

No. 18	**1** At the station.
	2 At the bookstore.
	3 In front of the statue.
	4 In the concert hall.

No. 19	**1** People living in Japan.
	2 The girl's homework.
	3 Where the library is.
	4 How to borrow books.

No.20	**1** At 9:00 p.m.
	2 At 9:30 p.m.
	3 At 10:00 p.m.
	4 At 10:30 p.m.

第3部 ◀))023〜033

No. 21	**1** He must change schools.
	2 He lost a soccer game.
	3 His best friend is moving.
	4 His father will go to New York.

No. 22	**1** Work in Korea.
	2 Go on a trip.
	3 Watch dramas.
	4 Save some money.

No. 23	**1** Play in a game.
	2 Stay home with her family.
	3 Watch basketball on TV.
	4 Join a new club.

No. 24	**1** For two days.
	2 For three days.
	3 For five days.
	4 For ten days.

Day 1
Day 2
Day 3
Day 4
Day 5
Day 6
Day 7

No. 25	**1**	Jane's.
	2	Jane's brother's.
	3	Susan's.
	4	Susan's brother's.
No. 26	**1**	Visit a doctor near her house.
	2	Teach her how to drive.
	3	Let her use his car.
	4	Drive her to the hospital.
No. 27	**1**	On Tuesday.
	2	On Wednesday.
	3	On Thursday.
	4	On Friday.
No. 28	**1**	In Australia.
	2	In Canada.
	3	In America.
	4	In France.
No. 29	**1**	The train was late.
	2	The meeting was canceled.
	3	She missed the last train.
	4	She left her keys at the office.
No. 30	**1**	Teach people how to write.
	2	Buy a book about writing.
	3	Find a class to take.
	4	Read his friends' stories.

よく出る熟語をマスターしよう!

熟語は筆記1の中で出題されます。熟語の一部が(　)になっているので，どの語が問われてもいいように，意味と熟語全体を覚えるようにしましょう。熟語の知識は試験全体で英文を理解する際にも重要です。

☑ よく出る熟語をチェック

1 〈be動詞＋形容詞＋前置詞〉

☐ be able to ～	～することができる	☐ be full of ～	～でいっぱいだ
☐ be absent from ～	～を休む	☐ be interested in ～	～に興味がある
☐ be afraid of ～	～を恐れる	☐ be late for ～	～に遅れる
☐ be busy with ～	～で忙しい	☐ be proud of ～	～を誇りに思う
☐ be covered with ～	～で覆われている	☐ be ready for ～	～の準備ができている
☐ be different from ～	～と異なる	☐ be surprised at ～	～に驚く
☐ be famous for ～	～で有名だ	☐ be worried about ～	～を心配している

2 〈動詞＋前置詞［副詞］〉

☐ agree with ～	～に賛成する
☐ belong to ～	～に所属する
☐ get on ～	～に乗る〈⇔get off ～「～から降りる」〉
☐ look forward to ～	～を楽しみにする
☐ look like ～	～のように見える〈sound like ～「～のように聞こえる」〉
☐ pick up ～	～を車で迎えに行く，～を拾い上げる
☐ put on ～	～を着る〈⇔take off ～「～を脱ぐ」〉
☐ try on ～	～を試着する
☐ turn on ～	～をつける〈⇔turn off ～「～を消す」〉
☐ turn up ～	(音量など)を上げる〈⇔turn down ～「(音量など)を下げる」〉

Day 1
Day 2
Day 3
Day 4
Day 5
Day 6
Day 7

3 〈動詞＋名詞／形容詞，動詞＋前置詞＋名詞など〉

☐ come true	実現する
☐ do *one's* best	最善を尽くす
☐ go for a walk	散歩に出かける
☐ go on a trip	旅行に出かける
☐ have[catch] a cold	風邪をひいている［ひく］
☐ have a headache	頭痛がする
☐ make a speech	スピーチをする
☐ 〈show＋人＋around ～〉	（人）に～を案内する
☐ take care of ～	～を世話する（＝look after ～）
☐ take part in ～	～に参加する（＝join）

4 〈前置詞＋～〉

☐ at first	初めは	☐ for free	無料で
☐ at last	ついに	☐ for the first time	初めて
☐ at the end of ～	～の終わりに	☐ from A to B	AからBまで
☐ because of ～	～のために	☐ in a hurry	急いで
☐ between A and B	AとBの間に	☐ in front of ～	～の前に［で］
☐ by *oneself*	ひとりで	☐ on business	仕事で
☐ by the way	ところで	☐ on foot	徒歩で
☐ for a while	しばらくの間	☐ on the way to ～	～へ行く途中で

5 その他の熟語

☐ 〈a few＋数えられる名詞〉	少しの～	☐ far away	遠くに
☐ 〈a little＋数えられない名詞〉	少しの～	☐ far from ～	～から遠い
☐ as ～ as possible	できるだけ～	☐ right now	ちょうど今，すぐに（＝right away）
☐ both A and B	AとBの両方	☐ too ～ to ...	あまりに～なので…できない
☐ either A or B	AかBのどちらか		

筆記試験

試験時間 **筆記65分**

1　次の*(1)*から*(15)*までの (　　　　) に入れるのに最も適切なものを**1**, **2**, **3**, **4**の中から一つ選び, その番号のマーク欄をぬりつぶしなさい。

---

(1) Cathy wanted to see the movie *Endless Dream* because her friend said it was (　　　　).

1 careful　　　　**2** excellent　　　　**3** stormy　　　　**4** thirsty

(2) **A:** This coffee isn't sweet enough. Could you (　　　　) me the sugar?
　　B: Here you are.

1 catch　　　　**2** hold　　　　**3** touch　　　　**4** pass

(3) Four years have passed (　　　　) Mr. and Mrs. Smith came to Tokyo.

1 until　　　　**2** that　　　　**3** since　　　　**4** while

(4) Jenny is taking singing lessons at a music school. Her dream is to become a (　　　　) singer.

1 weak　　　　**2** professional　　**3** narrow　　　　**4** delicious

(5) **A:** Mary, how are you going to (　　　　) your summer vacation?
　　B: I'm going camping with my friends.

1 stay　　　　**2** spend　　　　**3** happen　　　　**4** join

(6) **A:** What's the (　　　　) between Plan A and Plan B for this trip?
　　B: Plan A is cheaper because it doesn't include dinner.

1 goal　　　　**2** reason　　　　**3** culture　　　　**4** difference

(7) **A:** I like this umbrella. Do you have this in (　　　　) colors?
　　B: Yes. We have it in blue, red, and green.

1 silent　　　　**2** wide　　　　**3** quick　　　　**4** other

(8)   *A:* Mary goes home so early these days.
B: I know. I heard she has to (   ) care of her sick mother.
1 look   **2** take   **3** see   **4** stand

(9)   Mr. Clark told Bob to finish the report by the (   ) of the summer vacation.
1 end   **2** side   **3** line   **4** head

(10)   Mr. Johnson will go to China on (   ) next week. He is going to attend an important meeting there.
1 opinion   **2** company   **3** ceremony   **4** business

(11)   *A:* Why were you so late?
B: I tried to get here on time, but I lost my (   ).
1 habit   **2** accident   **3** way   **4** promise

(12)   The band performed the song without the drums. It sounded (   ) a different song.
1 most   **2** under   **3** often   **4** like

(13)   *A:* I hope the weather will be nice tomorrow.
B: Yes. If it (   ), we won't be able to go hiking.
1 raining   **2** rains   **3** rain   **4** to rain

(14)   His new novel was much (   ) to understand than his last one. I was able to read it in one night.
1 easy   **2** to easy   **3** easier   **4** easiest

(15)   *A:* I'm going to visit Mexico with my family next summer.
B: That sounds nice. What language is (   ) there?
1 speak   **2** speaking   **3** spoke   **4** spoken

2 次の *(16)* から *(20)* までの会話について，（　　　　　）に入れるのに最も適切なものを **1**，**2**，**3**，**4** の中から一つ選び，その番号のマーク欄をぬりつぶしなさい。

(16) **Grandmother:** Bob, do you know how to use this camera?

　　　Grandson: It's easy. （　　　　　） I'll show you.

1 I know it's yours.　　　　**2** Dad bought it.

3 Tell me about it.　　　　　**4** Give it to me.

(17) **Man:** Jane, are you going to Billy's party?

Woman: （　　　　　） I'm really looking forward to it.

1 Of course I am.　　　　　**2** I don't think so.

3 The party was good.　　　　**4** He's not sure.

(18) **Mother:** Hi, David. （　　　　　）

　　Son: I believe I did better than last time.

Mother: I'm glad to hear that.

1 Do you feel better?　　　　**2** When did you get here?

3 How was your test?　　　　**4** How's the weather?

(19) **Woman:** How was your stay in Kyoto?

　　Man: The temples were really beautiful. （　　　　　）

Woman: Did you?　I'd like to see them.

1 I took some pictures.　　　**2** I went there by bus.

3 That's my favorite.　　　　**4** My sister lives there.

(20) **Man:** I think something happened to Tom.

Woman: Something happened? （　　　　　）

　　Man: He almost never talks these days.

1 What about you?　　　　　**2** Why do you think so?

3 Do you know him?　　　　　**4** Do you agree with me?

Day 1　Day 2　Day 3　Day 4　Day 5　Day 6　Day 7

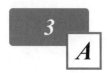

3

A

次の掲示の内容に関して，*(21)* と *(22)* の質問に対する答えとして最も適切なもの，または文を完成させるのに最も適切なものを **1**，**2**，**3**，**4** の中から一つ選び，その番号のマーク欄をぬりつぶしなさい。

Skating Club Wants New Members!

Oakwood Skating Club
welcomes new members to the club!

Our club has a 20-year history, and there are several professional skaters from the club. Both children and adults can join the club. Membership is for one year.

Members can:

● have their own lockers
● rent a pair of skates for free
● take lessons at a discounted price

Membership costs:

Ages 3-12: $50   Ages 13-59: $100   Ages 60 and over: $60

We're sorry, but children under 3 cannot become members.

If you would like to sign up, please come to our office any time between 10 a.m. to 8 p.m.

(21) Members who join the club can

　1 use their own lockers.

　2 learn the history of the club.

　3 get one free lesson every year.

　4 buy a pair of skates at a cheaper price.

(22) What should people do to become a member of the club?

　1 Go to the club's website.

　2 Call the club.

　3 Write an e-mail to the club.

　4 Visit the club's office.

Day 1
Day 2
Day 3
Day 4
Day 5
Day 6
Day 7

3　**B**　次のＥメールの内容に関して，*(23)*から*(25)*までの質問に対する答えとして最も適切なもの，または文を完成させるのに最も適切なものを**1**，**2**，**3**，**4**の中から一つ選び，その番号のマーク欄をぬりつぶしなさい。

From: Lydia Clark
To: Jane Nelson
Date: September 19
Subject: About next week's program
··

Dear DJ Jane,
My name is Lydia Clark, and I enjoy your program every Sunday! I think Radio 190 has the best selection of country music. You're my favorite DJ because you're funny and kind. I'm sending this e-mail to ask you to play a song on your program next week. September 25 is my mother's birthday, and we'll be listening to your program. I want you to play her favorite song, *Where the Road Ends*. Before you play the song, can you say, "Happy Birthday, Marie"? (That's my mother's name.)
Thank you,
Lydia

From: Jane Nelson
To: Lydia Clark
Date: September 20
Subject: Re: About next week's program
··

Dear Lydia,
Thank you for your e-mail. It's always nice to hear from listeners. Also, happy birthday to your mother! Of course, we'll play the song for her. *Where the Road Ends* is one of my favorite songs, too. Peter Mitchell, who sings the song, is a friend of my father. I may be able to get a CD signed by Peter for your mother and send it to you. Would you like that?
Best regards,
Jane Nelson, DJ

From: Lydia Clark
To: Jane Nelson
Date: September 20
Subject: Thank you very much!

....

Dear DJ Jane,

It was a very nice surprise to get an e-mail from you! Thank you for saying that you can play the song for us. And my mother is looking forward to the CD. She has been a big fan of Peter Mitchell for many years. Our address is: 1730 Elm Street, Lakewood, OH, 45923. Again, thank you very much for your kindness.

Sincerely,

Lydia

Day
1

Day
2

Day
3

Day
4

Day
5

Day
6

Day
7

(23)   What was Jane asked to do on her program?
   1 Announce Lydia's birthday.
   2 Play a song for Lydia's mother.
   3 Introduce different kinds of music.
   4 Sing listeners' favorite songs.

(24)   Why does Jane know Peter Mitchell?
   1 He is her father's friend.
   2 He often comes to join her program.
   3 They live near each other.
   4 They play in a band together.

(25)   Next week, Lydia's mother is looking forward to
   1 meeting Jane at her house.
   2 receiving a CD signed by Peter.
   3 joining a tour at the radio station.
   4 going to a music concert.

次の英文の内容に関して，*(26)*から*(30)*までの質問に対する答えとして最も適切なもの，または文を完成させるのに最も適切なものを**1**，**2**，**3**，**4**の中から一つ選び，その番号のマーク欄をぬりつぶしなさい。

The World of Tea

Tea is a drink that is enjoyed by people all over the world. Japanese tea, Chinese tea, and English tea are popular now. People in China started making tea from the leaves of the tea plant thousands of years ago. It was introduced to Europe and the United States in the 16th or 17th century, and people in the United Kingdom started enjoying tea in new ways like putting milk or sugar in it.

Today, people enjoy tea in many other ways. Tea is often used in food dishes. In Japan, some types of noodles such as *soba* and *udon* may have green tea mixed in them. Different teas are also used in desserts, for example, cookies or ice cream. Some people eat the tea leaf itself because they believe it is good for their health.

Tea itself is changing, too. Some people say that tea must be made from the tea plant to call it "tea," but it has become popular to make tea from other things such as flowers, fruits, and vegetables. This is called herbal tea.*

What is special about herbal tea? There are many kinds of herbal teas, and they have many uses. For example, Chinese herbal tea has been used as medicine. Like regular tea, there are many different flavors of herbal tea. Today, herbal teas are often seen in stores and many other places. Tea has become a part of everyday life.

* herbal tea：ハーブティー

(26) Where did people start making tea?
1 In Japan.
2 In China.
3 In the United Kingdom.
4 In the United States.

(27) How is today's tea different from before?
1 People drink it only when they are sick.
2 People use it in food.
3 It is often drunk with dessert.
4 It is no longer popular.

(28) Some people say that
1 tea made from fruits is not always healthy.
2 the best medicine is made from tea in Europe.
3 herbal tea cannot be made from vegetables.
4 tea can only be made from tea plants.

(29) What is different about herbal tea from regular tea?
1 It can be used as medicine.
2 It is only made in one country.
3 It has many kinds of flavors.
4 It is becoming hard to find in stores.

(30) What is this story about?
1 The history of tea in Europe.
2 The way that tea makes people relax.
3 The different ways to enjoy tea.
4 People who do not enjoy herbal tea.

Day 1
Day 2
Day 3
Day 4
Day 5
Day 6
Day 7

4 　ライティング（Ｅメール）

●あなたは，外国人の友達（Suzie）から以下のＥメールを受け取りました。Ｅメールを読み，それに対する返信メールを，□に英文で書きなさい。
●あなたが書く返信メールの中で，友達（Suzie）からの２つの質問（下線部）に対応する内容を，あなた自身で自由に考えて答えなさい。
●あなたが書く返信メールの中で□に書く英文の語数の目安は，15語〜25語です。
●解答は，解答用紙の裏面にあるＥメール解答欄に書きなさい。なお，解答欄の外に書かれたものは採点されません。
●解答が友達（Suzie）のＥメールに対応していないと判断された場合は，０点と採点されることがあります。友達（Suzie）のＥメールの内容をよく読んでから答えてください。
●□の下のBest wishes, の後にあなたの名前を書く必要はありません。

Hi,

Thank you for your e-mail.
I heard that you went shopping with your family on Saturday. Tell me more about it. How many stores did you go to? And what did you buy?

Your friend,
Suzie

Hi, Suzie!

Thank you for your e-mail.

解答欄に記入しなさい。

Best wishes,

5　ライティング（英作文）

● あなたは，外国人の友達から以下のQUESTIONをされました。

● QUESTIONについて，あなたの考えとその<u>理由を2つ</u>英文で書きなさい。

● 語数の目安は25語〜35語です。

● 解答は，解答用紙の裏面にある英作文解答欄に書きなさい。なお，解答欄の外に書かれたものは採点されません。

● 解答がQUESTIONに対応していないと判断された場合は，<u>0点と採点されること</u>があります。QUESTIONをよく読んでから答えてください。

QUESTION

Which do you like better, going to a zoo or going to an art museum?

Day 1
Day 2
Day 3
Day 4
Day 5
Day 6
Day 7

Day 3

会話表現をマスターしよう!

3級では，学校や家庭，店などの街中で使われる日常の会話表現（生徒と先生，友達同士，親子，店員と客のやり取りなど）が出題されます。筆記2とリスニング第1部，第2部でよく出題される会話表現を確認しましょう。

☑ よく出る会話表現をチェック

1 依頼する

☐ Can[Could] you ～? / Will[Would] you ～?	～してくれませんか。
応答例 OK. / Sure. / No problem.	いいですよ。
I'd be glad[happy] to.	喜んで。
I'm sorry, I can't. / I'm afraid not.	すみませんが，できません。
Sorry, but I can't ～. / I'm afraid I can't ～.	すみませんが，～できません。

2 許可を求める・要望を伝える

☐ Can I ～? / May I ～?	～してもいいですか。
☐ I'd[I would] like to ～.	～したいのですが。
応答例 Yes, [Of course] you can. / Certainly. / Sure.	いいですよ。
I'm sorry, you can't. / I'm afraid not.	すみませんが，できません。

3 勧誘・提案する

☐ Let's ～.	～しましょう。
☐ Shall we ～? / Why don't we ～?	～しませんか。
☐ Do you want to ～? / Would you like to ～?	～したいですか，～しませんか。
☐ How[What] about ～ing?	～するのはどうですか。
☐ Why don't you ～?	～してはどうですか。
応答例 OK. / All right.	わかりました。

(That) sounds good. / That would be nice.	いいですね。
(That's a) good[great] idea.	いい考えですね。
I'd love to.	ぜひそうしたいです。
(I'm) sorry, but 〜	すみませんが，〜

4 申し出る・勧_{すす}める

☐ Shall I 〜? / Do you want me to 〜?	〜しましょうか。
☐ How about 〜? / Would you like 〜?	〜はいかがですか。
応答例 Yes, please.	お願いします。
No, thanks[thank you].	いいえ，結構_{けっこう}です。

5 感謝_{かんしゃ}を述_のべる

☐ Thank you (very much). / That's very kind of you.	ありがとう。
☐ Thank you for 〜ing.	〜してくれてありがとう。
応答例 You're welcome. / (It's) my pleasure.	どういたしまして。

6 助言・忠告_{ちゅうこく}する

☐ You should 〜.	〜した方がいいです。
☐ You have to[must] 〜.	〜しなければなりません。
応答例 OK. I will.	わかりました。そうします。

7 感想・印象をたずねる

☐ How is[was] 〜? / How do[did] you like 〜?	〜はどうです[でした]か。
応答例 It's[It was] great.	すばらしい[すばらしかった]です。

8 時間・頻度_{ひんど}をたずねる

☐ How long does it take to 〜?	〜するのにどれくらいの時間がかかりますか。
応答例 (It takes) about an hour.	約1時間です。
☐ How often do you 〜?	どれくらいの頻度_{ひんど}で〜しますか。

Day 1
Day 2
Day 3
Day 4
Day 5
Day 6
Day 7

応答例 Twice a week.	週に2回です。

9 経験の有無をたずねる

☐ Have you (ever) ～?	（今までに）～したことはありますか。
☐ Have you been to ～?	～へ行ったことはありますか。
応答例 Yes, I have.	はい，あります。
No, I haven't.	いいえ，ありません。

10 体調をたずねる

☐ How do you feel?	気分はどうですか。
応答例 I'm[I feel] better.	よくなりました。

11 電話での表現

☐ call back (later)	（後で）かけ直す
☐ Hold on, please.	少々お待ちください。
☐ leave a message	伝言を残す
☐ take a message	伝言を承る

12 その他の重要表現

☐ Guess what?	ねえねえ，何だと思う？（ちょっと聞いてくれる？）
☐ How much is it?	それはおいくらですか。
☐ Hurry up.	急いで。
☐ I'm coming.	今行きます。
☐ It's time for ～.	～の時間です。
☐ Just a moment[minute].	少々お待ちください。
☐ Let me check.	確認させてください。〈let me ～「～させて」〉
☐ (Please) help yourself.	自由に食べてください。
☐ That's too bad.	お気の毒に。
☐ What's the matter [What's wrong]?	どうしたの？

リスニングテスト

試験時間 | リスニング約**25**分

3級リスニングテストについて

❶このテストには，第1部から第3部まであります。英文は第1部では一度だけ，第2部と第3部では二度，放送されます。

第1部	イラストを参考にしながら対話と応答を聞き，最も適切な応答を**1**，**2**，**3**の中から一つ選びなさい。
第2部	対話と質問を聞き，その答えとして最も適切なものを**1**，**2**，**3**，**4**の中から一つ選びなさい。
第3部	英文と質問を聞き，その答えとして最も適切なものを**1**，**2**，**3**，**4**の中から一つ選びなさい。

❷No. 30のあと，10秒すると試験終了の合図がありますので，筆記用具を置いてください。

第*1*部　◀)) 034〜044

No. 1

No. 2

No. 3

No. 4

No. 5

No. 6

No. 7

No. 8

No. 9

No. 10

No. 11
  1 Australia.
  2 Spain.
  3 Korea.
  4 China.

No. 12
  1 Her own.
  2 Her father's.
  3 Her mother's.
  4 Her brother's.

No. 13
  1 He can't decide which flowers to buy.
  2 He can't find the flower shop.
  3 He doesn't know when Mother's Day is.
  4 He doesn't have enough money.

No. 14
  1 About 5 minutes.
  2 About 10 minutes.
  3 About 15 minutes.
  4 About 30 minutes.

No. 15
  1 Bring his wallet.
  2 Look for his bag.
  3 Have lunch with him.
  4 Pick him up at his office.

Day 1
Day 2
Day 3
Day 4
Day 5
Day 6
Day 7

No. 16	**1**	Having a dessert.
	2	Cooking lunch.
	3	Ordering a meal.
	4	Drinking water.
No. 17	**1**	He is late for dinner.
	2	He wants to watch TV at home.
	3	He has to study for a test.
	4	He has to call his friend.
No. 18	**1**	Help his mother.
	2	Finish his e-mail.
	3	Clean his room.
	4	Do his homework.
No. 19	**1**	A famous baseball player.
	2	How to get baseball tickets.
	3	The man's favorite band.
	4	The man's weekend plans.
No. 20	**1**	Get a job.
	2	Exchange the bag.
	3	Buy a notebook.
	4	Find her bag.

No. 21	**1** Eat French food.
	2 Go to a café.
	3 Watch another movie.
	4 Drive to his house.

No. 22	**1** She lost his homework.
	2 She forgot to meet him.
	3 She didn't say sorry.
	4 She didn't wait for him.

No. 23	**1** By bus.
	2 By bike.
	3 By car.
	4 On foot.

No. 24	**1** At home.
	2 At a hotel.
	3 At a coffee shop.
	4 At her office.

No. 25	**1** The elevator cannot be used.
	2 The building is closed.
	3 There are no elevators.
	4 The stairs are wet.

Day 1
Day 2
Day 3
Day 4
Day 5
Day 6
Day 7

No. 26	**1**	At 7:30.
	2	At 7:40.
	3	At 7:50.
	4	At 8:30.
No. 27	**1**	Math.
	2	English.
	3	Japanese.
	4	Science.
No. 28	**1**	In the morning.
	2	In the afternoon.
	3	In the evening.
	4	Late at night.
No. 29	**1**	She moved to Japan with her family.
	2	She went to New York to study.
	3	She started working with her father.
	4	She became a Japanese teacher.
No. 30	**1**	He does his homework.
	2	He writes stories.
	3	He has dinner.
	4	He reads books.

よく出る文法をマスターしよう！

3級では，中学校で学習するレベルの文法事項を
理解しておく必要があります。筆記1の文法問題
に対応できるようにするだけでなく，英文を正確
に読み書きするためにも，文法を習得しておきましょう。

I ( )( )( ) speak English.

☑ よく出る文法をチェック

1 注意すべき時の表し方

① 進行形〈be動詞＋～ing〉「～している，～していた」

Tom is eating lunch in the cafeteria.
「トムはカフェテリアで昼食を食べています」

It was raining hard when I left my house this morning.
「今朝私が家を出たとき，雨が激しく降っていました」

② 現在完了形〈has / have ＋動詞の過去分詞〉「～した，したことがある」

I have already finished my math homework.
「私の数学の宿題はもう終わっています」

Have you ever eaten French food?

「フランス料理を食べたことはありますか」

③ 未来時制〈will＋動詞の原形〉「～するつもり［予定］だ，～だろう」

Brenda will visit Paris next month.「ブレンダは来月パリへ行く予定です」

2 to不定詞〈to＋動詞の原形〉の用法

① 〈動詞＋人＋to＋動詞の原形〉

・〈want[would like]＋人＋to ～〉「（人）に～してもらいたい」

I want you to come to my house tonight.
「あなたに今夜私の家に来てもらいたいです」

・〈ask＋人＋to ～〉「（人）に～するように頼む」

My father asked me to do the dishes.「父は私に皿洗いをするように頼みました」

・〈tell＋人＋to ～〉「（人）に～するように言う」

Mike told his brother to clean his room.
「マイクは兄[弟] に部屋を掃除するように言いました」

② 〈It is ～＋(for＋人＋)to ...〉「…することは（人にとって）～だ」

It is difficult for me to remember all of their names.
「彼らの名前を全部覚えるのは私にとって難しいです」

③〈疑問詞＋to 〜〉

・how to 〜「〜のしかた」

  Could you tell me <u>how to</u> get to the station?

  「駅への行き方を教えていただけませんか」

・what to 〜「何を〜すべきか」

  I didn't know <u>what to</u> talk about.

  「私は何を話したらよいかわかりませんでした」

④〈something / anything ＋（形容詞＋）to 〜〉

・Can you get <u>something hot to</u> drink for me?「私に何か温かい飲み物を買ってくれますか」

3 受動態

① 現在形の受動態〈am / is / are ＋動詞の過去分詞〉「〜される，されている」

  English <u>is spoken</u> in many countries all around the world.

  「英語は世界中の多くの国々で話されています」

② 過去形の受動態〈was / were ＋動詞の過去分詞〉「〜された」

  I <u>was introduced</u> to my classmates by Mr. Brown.

  「私はブラウン先生によってクラスメートに紹介されました」

4 比較

①〈形容詞・副詞の比較級＋than 〜〉「〜より…」

  My brother is <u>taller than</u> I am.

  「兄[弟]は私より背が高いです」

  Ken can run much <u>faster than</u> I.

  「ケンは私よりずっと速く走ることができます」

②〈the ＋形容詞の最上級＋名詞〉「（〜の中で）いちばん〜な…」

  Mt. Fuji is <u>the highest mountain</u> in Japan.「富士山は日本でいちばん高い山です」

③〈(the ＋)副詞の最上級〉「（〜の中で）いちばん〜」

  I usually get up <u>(the) earliest</u> in my family.

  「私は普段家族の中でいちばん早く起きます」

5 分詞の後置修飾

①〈名詞＋現在分詞（動詞の〜ing形）〉「〜している…」

  Who is <u>that boy standing</u> by the door?

  「ドアのそばに立っているあの男の子は誰ですか」

②〈名詞＋動詞の過去分詞〉「〜されている[された]…」

  My family has <u>a small dog called</u> Cherry.

  「私の家族はチェリーと呼ばれている小さな犬を飼っています」

6 関係代名詞

① 主格のwho〈先行詞（人）＋who＋動詞 〜〉

This is the textbook for students who take Mr. Brown's class.

「これはブラウン先生の授業を受ける生徒用の教科書です」

② 主格のwhich, that〈先行詞（物）＋which[that]＋動詞 〜〉

This is the bus that[which] goes to the zoo.

「これは動物園に行くバスです」

③ 目的格のwhich, that〈先行詞＋which[that]＋主語＋動詞 〜〉

Sarah showed me the photos that[which] she took in New York.

「サラはニューヨークで撮った写真を私に見せてくれました」

④ 目的格の関係代名詞の省略

This is the bike (that / which) I bought last week.

「これは私が先週買った自転車です」

7 動名詞（動詞の〜ing形）

① 文の主語や補語になる

Watching soccer games is fun. 「サッカーの試合を見るのは楽しいです」

② 動詞の目的語になる

I really enjoyed talking with her. 「私は彼女と話して本当に楽しかったです」

＊動名詞のみを目的語とする動詞〈動詞＋〜ing〉
enjoy, finish, stop, keep, give upなど
＊to不定詞と動名詞のどちらも目的語とする動詞〈動詞＋to 〜 / 動詞＋〜ing〉
like, love, start, beginなど
＊to不定詞のみを目的語とする動詞
want, hope, decide, learnなど

③ 前置詞の目的語になる

Rob is good at playing tennis. 「ロブはテニスをするのが得意です」

Lynn is interested in studying history. 「リンは歴史を勉強することに興味があります」

8 付加疑問文　※「〜ですよね」と相手に確認したり同意を求めたりする疑問文。

①〈肯定文, 否定形＋主語の代名詞?〉

You traveled to France last summer, didn't you?

「君は昨年の夏にフランスへ旅行に行きましたよね？」

②〈否定文, 肯定形＋主語の代名詞?〉

Betty doesn't like hip hop music, does she?

「ベティーはヒップホップ音楽を好きではないですよね？」

Day 1
Day 2
Day 3
Day 4
Day 5
Day 6
Day 7

筆記試験

試験時間 筆記65分

1　次の (1) から (15) までの (　　　　) に入れるのに最も適切なものを **1**, **2**, **3**, **4** の中から一つ選び, その番号のマーク欄をぬりつぶしなさい。

---

(1)　*A:* Do you (　　　) who wrote this story?
B: I'm not sure. Maybe Henrik did.
1 invite　　　**2** remember　　　**3** visit　　　**4** answer

(2)　Michael is feeling (　　　) because he is going to give a speech today. This will be his first time to speak in front of so many people.
1 bright　　　**2** dangerous　　　**3** nervous　　　**4** clever

(3)　*A:* What a great idea, Jessica! I really (　　　) with you.
B: I'm glad to hear that.
1 mix　　　**2** win　　　**3** agree　　　**4** understand

(4)　*A:* Excuse me. Where is the National Museum?
B: Go straight (　　　) this street, and you'll see it on your right.
1 along　　　**2** above　　　**3** during　　　**4** over

(5)　*A:* Do you know where I (　　　) my dictionary?
B: I thought you put it in your bag earlier.
1 brought　　　**2** turned　　　**3** spent　　　**4** left

(6)　The street was so crowded that there was no (　　　) to park bikes.
1 horizon　　　**2** life　　　**3** space　　　**4** air

(7)　It was already dark, but they (　　　) walking toward the village.
1 continued　　　**2** shared　　　**3** invented　　　**4** tasted

(8) **A:** I'm going to (   ) part in the speech contest next week.
    B: Good luck!
    1 get   **2** make   **3** have   **4** take

(9) Please write your name, address, and phone number on a (   ) of paper.
    1 piece   **2** pair   **3** head   **4** glass

(10) When we were having dinner in a restaurant, a man came to our table and (   ) himself as the main chef.
    1 invited   **2** introduced   **3** asked   **4** served

(11) Julia worked as a volunteer last Sunday. She showed people from other countries (   ) the city.
    1 around   **2** behind   **3** against   **4** without

(12) **A:** What's the (   )? You don't look so good.
    B: I'm OK. I'm just tired.
    1 mind   **2** hospital   **3** matter   **4** message

(13) It is important for people (   ) breakfast every day to stay healthy.
    1 eat   **2** ate   **3** eaten   **4** to eat

(14) **A:** Have you ever (   ) to Germany, Jane?
    B: Yes, I went there last summer.
    1 be   **2** been   **3** to be   **4** being

(15) The tourists were surprised to see the picture (   ) on the huge rock.
    1 draw   **2** drew   **3** to draw   **4** drawn

Day 1
Day 2
Day 3
Day 4
Day 5
Day 6
Day 7

2

次の *(16)* から *(20)* までの会話について,（　　　　　）に入れるのに最も適切なものを **1**, **2**, **3**, **4** の中から一つ選び, その番号のマーク欄をぬりつぶしなさい。

---

(16)   ***Man:*** Wow! This chocolate cake looks delicious. Can I have some?

Woman: Of course. (　　　　　　　)

1 You can't eat it now.   **2** It's not yours.

3 You cook very well.   **4** Please help yourself.

(17)   ***Girl:*** You don't look very happy. (　　　　　　)

Boy: Our team lost the baseball game.

1 What do you do?   **2** What's wrong?

3 How about you?   **4** Why do you think so?

(18)   ***Student 1:*** Ms. Green is going back to her home country next month.

Student 2: Yeah, I heard that. (　　　　　)

Student 1: That's a good idea.

1 Didn't you know that?   **2** May I ask you a favor?

3 Let's give her something nice.   **4** I'll write a letter to you.

(19)   ***Boy:*** Whose bike is this? It's cool.

Girl: (　　　　　) because he said he bought a new one last weekend.

1 It's too big   **2** It's warmer than yesterday

3 I think it's Mike's   **4** Mike found it

(20)   ***Woman:*** Hello? This is Jane Brown. Can I speak to Mr. Jones?

Man: I'm sorry, but he's at the bank right now. (　　　　　)

Woman: Yes. Please tell him that I called.

1 How do you get to the bank?   **2** Can I take a message?

3 Could you help me, please?   **4** Will you take me there?

3

A

次の掲示の内容に関して，*(21)* と *(22)* の質問に対する答えとして最も
適切なものを **1**，**2**，**3**，**4** の中から一つ選び，その番号のマーク欄を
ぬりつぶしなさい。

Volunteers Wanted for
Kobe International Festival on August 10

At this festival, people from around the world will share their culture with others. We need 20 volunteers to help visitors during the event.

Volunteers should be able to:
—speak English
—come to meetings before the festival

We want our volunteers to show visitors around, so we will have meetings for our volunteers to learn about the festival. Meetings are on August 1 and 8.

Volunteers will not be paid for the work but will get free meals.

If you want to volunteer, please contact Mr. Smith at
smith@kobe.org or call 25-2693, by July 25.

Day 1
Day 2
Day 3
Day 4
Day 5
Day 6
Day 7

(21) Why is the festival being held?
1 To share different cultures.
2 To have a business meeting.
3 To display artwork.
4 To help people find jobs.

(22) What will volunteers do for visitors?
1 Give them a tour around the country.
2 Cook Japanese meals for them.
3 Guide them around the festival.
4 Teach them foreign languages.

次の手紙文の内容に関して，*(23)* から *(25)* までの質問に対する答えとして最も適切なもの，または文を完成させるのに最も適切なものを **1**，**2**，**3**，**4** の中から一つ選び，その番号のマーク欄をぬりつぶしなさい。

April 11th

Dear Ms. Fisher,

How are you? It has already been one year since you went back to Sydney. I miss you and your English classes. Do you remember my brother, Masaru? He misses you, too.

In February, Masaru and I visited our grandparents in Yokohama. Masaru and I were very young when we went there before, so we didn't remember much. My grandfather took us to many exciting places. One of the places he took us to was Chinatown. We had noodles and *gyoza* at a restaurant. They were really good. I also found a big tea shop in Chinatown. I remembered you said that you like Chinese tea, so I bought a pack for you. I'm sending it with this letter. I hope you like it.

While we were staying at our grandparents' house, we saw a lot of pictures from different parts of the world. My grandfather was a pilot, so he went to many other countries. Masaru became interested in going to see these places. He decided to become a pilot like our grandfather someday. He has studied English hard to make his dream come true since then.

This summer, Masaru and I are going to a school in Sydney as exchange students. Masaru and I have never been abroad, so we're excited. We will stay in Sydney for about a month, so I hope we can see you during our stay! Please write back soon.

Sincerely,
Mika

(23)   What did Mika send with the letter?
- **1** A letter Masaru wrote.
- **2** Some Chinese tea.
- **3** Pictures she took in Yokohama.
- **4** A book about cooking.

(24)   To become a pilot like his grandfather, Masaru
- **1** decided to get a job in Sydney.
- **2** started working at an airport.
- **3** has learned a lot about world history.
- **4** has studied English hard.

(25)   Why are Mika and Masaru excited?
- **1** They will go to a foreign country for the first time.
- **2** They can take Ms. Fisher's English lessons again.
- **3** Ms. Fisher will come back to Japan soon.
- **4** Their grandfather will take them to Chinatown.

Day 1
Day 2
Day 3
Day 4
Day 5
Day 6
Day 7

3

C

次の英文の内容に関して，*(26)* から *(30)* までの質問に対する答えとして最も適切なもの，または文を完成させるのに最も適切なものを**1**，**2**，**3**，**4**の中から一つ選び，その番号のマーク欄をぬりつぶしなさい。

Jigsaw Puzzles*

Everyone enjoys doing jigsaw puzzles. Most jigsaw puzzles that are sold have around 10 to 10,000 pieces. In 2011, the largest puzzle up until then was made by university students in Vietnam. The puzzle had about 550,000 pieces. It became a picture of a flower when it was finished. The students showed it at a stadium, and many people were happy to see it.

The first jigsaw puzzle was made by a British man named John Spilsbury in the 18th century. He was a map maker. One day, Spilsbury put a map on some wood and cut the wood into pieces. He used a jigsaw* when he cut the wood, so he named the puzzle "jigsaw puzzle." After that, jigsaw puzzles became popular among children in England.

Until the 20th century, most jigsaw puzzles were made of wood, so they were expensive. Today, jigsaw puzzles are usually made of hard paper and in many different sizes. Some are as small as a postcard and others are almost as big as a large room. Also, there can be different shapes which are not always flat*. These days, people can get puzzles that become objects such as cars or ships. There are even some jigsaw puzzles that you cannot touch. They are on the Internet. You use your mouse* to move the pieces to make a picture.

Doing jigsaw puzzles is now a common hobby around the world, but people enjoy these puzzles in different ways. In some countries, people like to do the same jigsaw puzzles again and again. But some people in Japan are interested in doing jigsaw puzzles just once. They put them in picture frames and enjoy looking at them.

* jigsaw puzzle：ジグソーパズル
* jigsaw：糸のこぎり
* flat：平らな
* mouse：（コンピューターの）マウス

(26) What did the university students in Vietnam do in 2011?

1 They performed a show at the stadium.

2 They made a puzzle of a flower.

3 They had an event for selling flowers.

4 They started a puzzle company by themselves.

(27) Who made the first jigsaw puzzle?

1 A man who made maps.

2 A man who made postcards.

3 A man who taught children.

4 A man who sold jigsaws.

(28) The early jigsaw puzzles

1 quickly became popular all over the world.

2 had pieces that were all the same.

3 were cheap and anyone could buy them.

4 were made of wood and were expensive.

(29) What kind of special jigsaw puzzles are there today?

1 Some are as big as a building.

2 Some are often used at schools.

3 Some look like objects such as cars.

4 Some have only one piece.

(30) How do some people in Japan enjoy jigsaw puzzles?

1 They sell them after making them.

2 They do them again and again.

3 They look at them in picture frames.

4 They learn how they are made.

Day 1
Day 2
Day 3
Day 4
Day 5
Day 6
Day 7

4 ライティング（Eメール）

●あなたは, 外国人の友達（Samantha）から以下のEメールを受け取りました。Eメールを読み, それに対する返信メールを, ◻️に英文で書きなさい。

●あなたが書く返信メールの中で, 友達（Samantha）からの2つの質問（下線部）に対応する内容を, あなた自身で自由に考えて答えなさい。

●あなたが書く返信メールの中で◻️に書く英文の語数の目安は, 15語〜25語です。

●解答は, 解答用紙の裏面にあるEメール解答欄に書きなさい。なお, 解答欄の外に書かれたものは採点されません。

●解答が友達（Samantha）のEメールに対応していないと判断された場合は, 0点と採点されることがあります。友達（Samantha）のEメールの内容をよく読んでから答えてください。

●◻️の下のBest wishes, の後にあなたの名前を書く必要はありません。

Hi,

Thank you for your e-mail.
I heard that you went on a trip with your parents during the summer vacation. I want to know more about it. Where did you go? And what did you do there?

Your friend,
Samantha

Hi, Samantha!

Thank you for your e-mail.

┌─────────────────────────────┐
│   │
│   解答欄に記入しなさい。   │
│   │
└─────────────────────────────┘

Best wishes,

5 ライティング （英作文）

● あなたは，外国人の友達から以下の**QUESTION**をされました。

● **QUESTION**について，あなたの考えとその理由を2つ英文で書きなさい。

● 語数の目安は25語〜35語です。

● 解答は，解答用紙の裏面にある英作文解答欄に書きなさい。なお，解答欄の外に書かれたものは採点されません。

● 解答が**QUESTION**に対応していないと判断された場合は，0点と採点されることがあります。**QUESTION**をよく読んでから答えてください。

QUESTION

What do you like to do with your friends?

Day 1
Day 2
Day 3
Day 4
Day 5
Day 6
Day 7

対話・質問をマスターしよう！

リスニング第1部は，イラストや対話全体の内容から状況を理解し，どの選択肢が最後の発話に対応しているかを考えます。第2部・第3部は，1回目の放送で対話や英文の話題・概要と質問を理解し，2回目で質問に関係する部分に注意して聞きます。どのようなパターンが出題されるか確認しておきましょう。

☑ リスニング第1部でよく出る応答のパターン

1 友人などとのあいさつ

A: Have a nice weekend.「よい週末を送ってね」
B: You, too[Same to you]. / See you on Monday.「あなたもね／月曜日に会おうね」

2 親子などの家族でのやり取り

A: John, are you still at the library?「ジョン，まだ図書館にいるの？」
B: Yes, but I'll come home soon.「うん，でももうすぐ家に帰るよ」

3 先生と生徒の学校でのやり取り

A: Did you bring your science homework?「理科の宿題を持ってきた？」
B: Yes, Mr. Smith. Here it is.「はい，スミス先生。ここにあります」

4 店員と客のやり取り

A: Can I have another glass of water?「お水をもう1杯いただけますか」
B: Sure. I'll be right back.「かしこまりました。すぐに戻って参ります」

5 会社などの同僚とのやり取り

A: Let's go to lunch together.「一緒に昼食を食べに行こう」
B: I'd love to, but I have to finish my report.
　「そうしたいんだけど，レポートを終わらせなくちゃいけないの」

☑️ リスニング第2部・第3部で よく出る選択肢と質問のパターン

1 時や期間を問う

- 選択肢 At 6:00 p.m. などの時刻 ⇒ 質問例 What time 〜?
- 選択肢 Tomorrow morning. などの時間帯 ⇒ 質問例 When 〜?
- 選択肢 For a week. などの期間 ⇒ 質問例 How long 〜?
- 選択肢 Three times a week. などの頻度 ⇒ 質問例 How often 〜?

2 場所を問う

- 選択肢 In the cafeteria. や At a department store. など
  ⇒ 質問例 Where did the boy find the book? / Where are they talking?

3 人物や所有者を問う

- 選択肢 Jane. や Jane's mother. など ⇒ 質問例 Who cooked dinner today?
- 選択肢 Jim's. や Jim's sister's. など ⇒ 質問例 Whose bike did Helen borrow?

4 交通手段を問う

- 選択肢 By car. や On foot. など ⇒ 質問例 How did Yuki go to school today?

5 今していることや，これからすることを問う

- 選択肢 Cooking dinner. など ⇒ 質問例 What is the man doing?（現在の行動）
- 選択肢 Work at a bank. や Buy a birthday present. など（動詞の原形で始まる）
  ⇒ 質問例 What will the woman do this Sunday?
       What is the boy going to do?
       What does the woman want to do?
       （これからの行動やしたいこと）

6 話題を問う

- 選択肢 Her hobby. や Their summer vacation. など
  ⇒ 質問例 What are they talking about?

7 理由・目的，問題点，過去の行動などを問う

- 選択肢 〈主語＋動詞〉がある文
  ⇒ 質問例 Why was the girl surprised?（理由）
       What is the man's problem?（問題点）
       What did the boy do last night?（過去の行動）

Day 1
Day 2
Day 3
Day 4
Day 5
Day 6
Day 7

リスニングテスト

試験時間　リスニング約**25分**

3級リスニングテストについて

❶このテストには，第1部から第3部まであります。英文は第1部では一度だけ，第2部と第3部では二度，放送されます。

第1部	イラストを参考にしながら対話と応答を聞き，最も適切な応答を**1**，**2**，**3**の中から一つ選びなさい。
第2部	対話と質問を聞き，その答えとして最も適切なものを**1**，**2**，**3**，**4**の中から一つ選びなさい。
第3部	英文と質問を聞き，その答えとして最も適切なものを**1**，**2**，**3**，**4**の中から一つ選びなさい。

❷No. 30のあと，10秒すると試験終了の合図がありますので，筆記用具を置いてください。

第*1*部　🔊 **067～077**

No. 1

No. 2

No. 3

No. 4

No. 5

No. 6

No. 7

No. 8

No. 9

No. 10

Day 1

Day 2

Day 3

Day 4

Day 5

Day 6

Day 7

No. 11　　**1** Bill.
　　　　　　2 Bill's father.
　　　　　　3 Jane's father.
　　　　　　4 Jane's mother.

No. 12　　**1** In a French restaurant.
　　　　　　2 In a library.
　　　　　　3 In a toy store.
　　　　　　4 In a department store.

No. 13　　**1** Finish a report.
　　　　　　2 Take a music lesson.
　　　　　　3 Go to a concert.
　　　　　　4 Help the woman.

No. 14　　**1** Kate's.
　　　　　　2 Kate's sister's.
　　　　　　3 Susan's.
　　　　　　4 Susan's sister's.

No. 15　　**1** A letter Taro wrote.
　　　　　　2 A book Taro is reading.
　　　　　　3 Taro's stay in Canada.
　　　　　　4 Taro's friend.

No. 16	**1**	He visited another country.
	2	He didn't feel well.
	3	He doesn't like Hawaii.
	4	He had work to do.
No. 17	**1**	At 8:50.
	2	At 9:00.
	3	At 9:10.
	4	At 10:00.
No. 18	**1**	In his closet.
	2	In his sports bag.
	3	In the washing machine.
	4	At school.
No. 19	**1**	Every day.
	2	Once a week.
	3	Once a month.
	4	Once a year.
No. 20	**1**	This morning.
	2	This afternoon.
	3	Tomorrow morning.
	4	Tomorrow afternoon.

Day 1
Day 2
Day 3
Day 4
Day 5
Day 6
Day 7

No. 21	**1**	Studying at college this summer.
	2	Getting a job in another country.
	3	Buying a new computer.
	4	Working at his father's company.
No. 22	**1**	To the station.
	2	To his old school.
	3	To the stadium.
	4	To a restaurant.
No. 23	**1**	To do some work.
	2	To stay with a host family.
	3	To look for a place to live.
	4	To meet Masashi's family.
No. 24	**1**	The gym.
	2	The library.
	3	The classrooms.
	4	The school grounds.
No. 25	**1**	They were shopping.
	2	They were watching a movie.
	3	They were looking for a camera.
	4	They were having lunch.

No. 26	**1** Her favorite program.
	2 Her dream.
	3 Her pets.
	4 Her weekend.

No. 27	**1** The place was crowded.
	2 There was only a little snow.
	3 The weather became bad.
	4 They both got sick.

No. 28	**1** $1.
	2 $5.
	3 $10.
	4 $15.

No. 29	**1** Jim.
	2 Jim's sister.
	3 The salesclerk.
	4 The store owner.

No. 30	**1** Japanese history.
	2 Club activities.
	3 School lunch.
	4 English classes.

Day 1
Day 2
Day 3
Day 4
Day 5
Day 6
Day 7

英作文問題の攻略法は?

Eメール問題と意見論述問題の2題が出題されます。Eメール問題では受け取ったEメールに書かれている2つの質問に対する答え,意見論述問題ではQUESTIONに対する考えを書きます。いずれの問題も,どこかに書かれていることを答えるのではなく,自分で自由に内容を考えて作文します。

☑Eメール問題の基本的な構成

問題例

●あなたは,外国人の友達(Jessie)から以下のEメールを受け取りました。Eメールを読み,それに対する返信メールを, ☐ に英文で書きなさい。

●あなたが書く返信メールの中で,友達(Jessie)からの2つの質問(下線部)に対応する内容を,あなた自身で自由に考えて答えなさい。

●あなたが書く返信メールの中で☐に書く英文の語数の目安は, 15語〜25語です。

Hi,

Thank you for your e-mail.
I heard that you moved to Los Angeles and started a new school there. Tell me more about it. <u>How do you go to school every day?</u> And <u>what is your favorite class there?</u>

Your friend,
Jessie

Hi, Jessie!

Thank you for your e-mail.

> 解答欄に記入しなさい。

Best wishes,

※『2024年度版 英検3級 過去6回全問題集』収録の「旺文社オリジナル予想問題」を使用しています。

こんにちは，
Eメールをありがとう。
ロサンゼルスに引っ越して，そこで新しい学校に通い始めたんだってね。そのことについてもっと教えて。毎日どうやって学校へ行くの？ それと，学校でいちばん好きな授業は何？
あなたの友達，
ジェシー

こんにちは，ジェシー！
Eメールをありがとう。
[解答欄に記入しなさい。]
それでは，

解答例

Yes, I'm in Los Angeles! My new school is far from my home, so I usually go by bus. My favorite class is math.

〈2つ目の質問への答え〉　　　　　　　　　　　　　　　　〈1つ目の質問への答え〉

(24語)

「そう，私はロサンゼルスにいるの！ 新しい学校は私の家から遠いので，普段はバスで行くわ。私のいちばん好きな授業は数学よ」

上の解答例では，1文目：自分の今の状況，2文目：1つ目の質問「毎日どうやって学校へ行くのか」への答え，3文目：2つ目の質問「いちばん好きな授業は何か」への答え，という構成で書かれています。

☑ 意見論述問題の基本的な構成

問題例

QUESTION
What do you like to do in your free time?

質問：「あなたは時間があるときに何をすることが好きですか」

解答例

I like to use my computer in my free time. I have two reasons. First, it is easy to get
　　　　　　〈自分の考え〉　　　　　　　　　　　　　　　　　〈1つ目の理由〉
many kinds of information on the Internet. Second, I like to play computer games.
　　　　　　　　　　　　　　　　　　　　　〈2つ目の理由〉

(34語)

「私は時間があるときに自分のコンピューターを使うことが好きです。2つの理由があります。第1に，インターネットでたくさんの種類の情報を得ることが簡単です。第2に，私はコンピューターゲームをすることが好きです」

上の解答例では，1文目：自分の考え，2文目：2つの理由があることを説明，3文目：1つ目の理由，4文目：2つ目の理由，という構成で書かれています。

Day 1
Day 2
Day 3
Day 4
Day 5
Day 6
Day 7

☑ 英作文で使える表現

●自分の考えを書く際に使える表現

Eメールに書かれている質問やQUESTIONで問われていることに対応した内容にすることが最も大切で，質問やQUESTIONで使われている表現の一部を利用することができます。

Eメールの質問やQUESTIONの例		自分の考えの書き方
What do you like to do? 「あなたは何をすることが好きですか」	⇒	□ I like to ～（動詞の原形）. 「私は～することが好きです」
What would you like to do? 「あなたは何をしてみたいですか」	⇒	□ I'd[I would] like to ～（動詞の原形）. 「私は～してみたいです」
What is your favorite ～? 「あなたのいちばん好きな～は何ですか」	⇒	□ My favorite ～ is …. 「私のいちばん好きな～は…です」
Where do you want to go? 「あなたはどこへ行きたいですか」	⇒	□ I want to go to ～. 「私は～へ行きたいです」
Which do you like better, A or B? 「あなたはAとBのどちらが好きですか」	⇒	□ I like A[B] better. 「私はA[B]の方が好きです」

●自分の考えや理由などを示す表現

□ I have two reasons.	私には2つの理由があります。
□ There are two reasons.	2つの理由があります。
□ First, ～. Second, ….	第1に，～。第2に，…。
□ ～. Also, ….	～。また，…。
□ ～ because ….	…なので～です（～なのは…だからです）。

●質問への答えや理由説明に使える表現

問題文をよく読み，質問が現在形であれば現在形で，質問が過去形であれば過去形で文を作りましょう。

□ I can ～（動詞の原形）.	私は～することができます。
□ I hope to ～（動詞の原形）.	私は～したいと思います。
□ I'm interested in ～（名詞／動詞の～ing形）.	私は～（すること）に興味があります。
□ It is easy[easier] to ～（動詞の原形）.	～するのは簡単[より簡単]です。
□ It is (a lot of) fun to ～（動詞の原形）.	～することは（とても）楽しいです。
□ It was exciting to ～（動詞の原形）.	～するのはわくわくしました。
□ I enjoyed ～（名詞／動詞の～ing形）.	私は～することを楽しみました。
□ There was[were] ～.	～がありました（いました）。

筆記試験＆リスニングテスト

試験時間 **筆記65分** リスニング約**25分**

1	次の(1)から(15)までの（　　　）に入れるのに最も適切なものを**1**, **2**, **3**, **4**の中から一つ選び，その番号のマーク欄をぬりつぶしなさい。

---

(1) Tom has a very cute dog. It (　　　) him all around the house.
    1 misses   **2** follows   **3** moves   **4** lends

(2) Sally didn't go to school today. She has been (　　　) for three days because she has a bad cold.
    1 public   **2** mysterious   **3** similar   **4** absent

(3) Mr. and Ms. Kato have a daughter who is studying (　　　) in Australia. They are going to visit her there this summer.
    1 either   **2** abroad   **3** finally   **4** early

(4) If you're going to the 8th (　　　), please use the elevator.
    1 grade   **2** floor   **3** step   **4** block

(5) *A:* Would you like some more salad?
    B: Yes, thank you, but only a little. I'm getting (　　　).
    1 full   **2** poor   **3** short   **4** enjoyable

(6) I know it (　　　) a lot to buy a new computer, but I want one in the near future.
    1 grows   **2** prepares   **3** costs   **4** shares

(7) Kelly enjoyed watching a movie with her friends yesterday. It was the most (　　　) movie she has seen this year.
    1 different   **2** boring   **3** shy   **4** exciting

(8) **A:** Is there a fitting room on this floor? I want to (   ) on this skirt.

B: Yes. It's over there.

1 try   **2** change   **3** pass   **4** make

(9) **A:** Mom, can you come here?

B: Just a minute. I'm busy (   ) now.

1 even   **2** away   **3** ever   **4** right

(10) **A:** Can I take your (   ) now?

B: Yes. I'll have a French toast.

1 rule   **2** order   **3** price   **4** food

(11) Susan borrowed a notebook from Tom, but she lost it. Tom got (   ) because he couldn't study for the test.

1 hungry   **2** wet   **3** thirsty   **4** angry

(12) The restaurant was (   ) crowded that we had to wait for more than thirty minutes to get a table.

1 yet   **2** so   **3** still   **4** else

(13) My father gave me a new camera (   ) is really easy to use.

1 who   **2** how   **3** why   **4** which

(14) **A:** May I leave now, Mr. Spencer?

B: No, not yet. You can go home after (   ) the test.

1 finish   **2** finishes   **3** finishing   **4** to finish

(15) **A:** Do you know the woman (   ) to Ms. Ito over there?

B: Yes, she is our new English teacher.

1 talk   **2** to talk   **3** talking   **4** talked

2 次の *(16)* から *(20)* までの会話について，（　　　　　）に入れるのに最も適切なものを **1**，**2**，**3**，**4** の中から一つ選び，その番号のマーク欄をぬりつぶしなさい。

---

(16) **Husband:** Did you check the weather forecast for today?

　　　Wife: Yes, (　　　　　　　)

　Husband: All right. I'll take an umbrella.

1 you should try it on.　　　　**2** it's going to rain.

3 we had heavy snow.　　　　**4** please wear warm clothes.

(17) 　**Sister:** I've caught a really bad cold.

　Brother: That's too bad. (　　　　　)

　　Sister: No, not yet.

1 Is it cold today?　　　　**2** Have you taken any medicine?

3 Will you stay home tomorrow?　**4** What did the doctor say?

(18) **Boy:** Do you want to come to see my school play this Saturday?

　Girl: Sure. When will it start?

　Boy: It starts at 10 a.m., so (　　　　　)

1 don't be late.　　　　**2** have a seat.

3 it's on your left.　　　　**4** you'll find it.

(19) **Girl:** Are you on the school basketball team?

　Boy: I was, but not now. I really like basketball, but (　　　　　)

1 I will try harder.　　　　**2** I enjoyed the sport.

3 the team is strong.　　　　**4** the practices were too hard.

(20) 　**Customer:** Wow. These dolls are beautiful.

　Salesclerk: They're on sale this week. (　　　　　)

　Customer: That's cheap! I'll take one.

1 All of them are 30% off.　　　　**2** You can buy them tomorrow.

3 Some are made in France.　　　　**4** You can pay later.

次の掲示の内容に関して，*(21)* と *(22)* の質問に対する答えとして最も適切なもの，または文を完成させるのに最も適切なものを **1**，**2**，**3**，**4** の中から一つ選び，その番号のマーク欄をぬりつぶしなさい。

HAS ANYONE SEEN OUR CAT?

My family and I are very worried about our cat. Her name is Max. She is six months old. She hasn't come home for a week and was last seen at the park near the hospital on Saturday, June 4th. She's a very special member of our family, and we miss her very much.

What she looks like:

Her body is black, but both of her front feet are white like socks. She has green eyes. She should have a red ribbon around her neck.

If you see her or have any information about her, please send an e-mail to Beth at bethtaylor777@ccmail.com.

(21) Where was the cat last seen?
1 At Beth's house.
2 At a hospital.
3 At a park.
4 At a sock store.

(22) If people know anything about Max, they should
1 send an e-mail to Beth.
2 make a phone call to Beth.
3 visit the Taylor family.
4 take the cat to the hospital.

Day
1

Day
2

Day
3

Day
4

Day
5

Day
6

Day
7

 次のEメールの内容に関して，*(23)* から *(25)* までの質問に対する答えとして最も適切なものを **1**，**2**，**3**，**4** の中から一つ選び，その番号のマーク欄をぬりつぶしなさい。

From: Megan Carter
To: Ayaka Yamamoto
Date: June 29
Subject: Barbecue
....

Dear Ayaka,
It was great seeing you the other day. I forgot to tell you that my family is holding a barbecue this Sunday. It's going to be at Lake Crystal from 1:00 p.m. My parents said I could invite some friends. If you have no other plans, I'd like you to come. My family will be preparing the meat and drinks, so just bring a side dish. If you can come to my house in the morning, we'll go together in my family's car. Or you can come over on Saturday night and spend the night with us. I hope you can come.
Your friend,
Megan

From: Ayaka Yamamoto
To: Megan Carter
Date: June 30
Subject: I'd love to
....

Dear Megan,
Thank you for inviting me to your barbecue. I'd love to have a barbecue with you and your family. But I'm afraid I'm not free in the morning on Sunday. I have my piano lesson. I'll be late, but I think I can make it to the barbecue around 2 p.m. Will that be OK? I'll have my dad take me to Lake Crystal. Where will you be at the lake?
Thank you,
Ayaka

From: Megan Carter
To: Ayaka Yamamoto
Date: July 1
Subject: Place
....

Dear Ayaka,

Don't worry about being late. I'm just happy that you can come to the barbecue. It's going to be so much fun. We'll be at the beach, next to the boat rental shop. There will be about 20 of us, so we won't be hard to find. But to be sure, please call me when you arrive at the lake. Oh, and don't forget to bring a swimsuit!

See you on Sunday,

Megan

Day 1
Day 2
Day 3
Day 4
Day 5
Day 6
Day 7

(23) When will they have a barbecue?
   1 On Saturday afternoon.
   2 On Saturday night.
   3 On Sunday morning.
   4 On Sunday afternoon.

(24) Where does Ayaka have to go before the barbecue?
   1 To a lake.
   2 To a swimming school.
   3 To a boat rental shop.
   4 To a piano lesson.

(25) What should Ayaka do when she arrives at the lake?
   1 Prepare food for the barbecue.
   2 Put on her swimsuit.
   3 Contact Megan by phone.
   4 Get a boat at the shop.

3

C

次の英文の内容に関して，*(26)* から *(30)* までの質問に対する答えとして最も適切なもの，または文を完成させるのに最も適切なものを**1**，**2**，**3**，**4**の中から一つ選び，その番号のマーク欄をぬりつぶしなさい。

Beatrix Potter

Helen Beatrix Potter was an English writer, illustrator, and scientist. She loved nature very much and is best known for her children's book *The Tale of Peter Rabbit.*

Potter was born in 1866 to a rich family in London. As a child, she had few friends but had many pets and spent much of her time outside in nature. She was taught to paint and draw and used these skills to sketch many animals she saw.

As an adult, Potter was very interested in natural science. At the time, it was difficult for women to become scientists, but her family helped her. She drew and wrote about mushrooms*, but sadly her work was not accepted* because she was a woman. Her work has finally been accepted, after her death.

Potter's story *The Tale of Peter Rabbit* started years before it became a book. In 1893, she wrote letters with pictures to the five-year-old son of one of her teachers. Later, she changed the story into a book. It was published in 1902. Since then, it has sold millions of copies and is known as one of the most popular books of all time.

After her success as a writer and artist, she continued being interested in nature and science. By the end of her life, she owned a lot of land and farms. She wanted to protect them, so she gave some of them to an environmental group*. Some of this land is now open to the public, and many people visit it to learn about Potter's life.

* mushroom：キノコ
* accepted：広く認められる
* environmental group：環境団体

(26) Why is Beatrix Potter famous?
   1 She had a hard life in London.
   2 She wrote a children's book.
   3 She kept many interesting animals at home.
   4 She drew many pictures of her friends.

(27) What did Potter learn as a child?
   1 Writing.
   2 History.
   3 Art.
   4 Farming.

(28) Potter was interested in natural science, so
   1 the plants she grew were very beautiful.
   2 she wrote about mushrooms.
   3 her friends taught her about nature.
   4 she studied how rabbits lived.

(29) What was *The Tale of Peter Rabbit* before it became a book?
   1 A science paper about rabbits.
   2 A popular TV drama.
   3 An old English story.
   4 Letters to a child.

(30) What is this story about?
   1 A woman who did many things in art and science.
   2 A famous science teacher of the 19th century.
   3 A rabbit named Peter that lived in the woods.
   4 A good place to grow plants.

Day 1
Day 2
Day 3
Day 4
Day 5
Day 6
Day 7

4 ライティング（Eメール）

● あなたは，外国人の友達（Tilly）から以下のEメールを受け取りました。Eメールを読み，それに対する返信メールを，□に英文で書きなさい。

● あなたが書く返信メールの中で，友達（Tilly）からの2つの質問（下線部）に対応する内容を，あなた自身で自由に考えて答えなさい。

● あなたが書く返信メールの中で□に書く英文の語数の目安は，15語〜25語です。

● 解答は，解答用紙の裏面にあるEメール解答欄に書きなさい。なお，解答欄の外に書かれたものは採点されません。

● 解答が友達（Tilly）のEメールに対応していないと判断された場合は，0点と採点されることがあります。友達（Tilly）のEメールの内容をよく読んでから答えてください。

● □の下のBest wishes, の後にあなたの名前を書く必要はありません。

Hi,

Thank you for your e-mail.
I heard that you went to a live music concert with your friends. I want to know more about it. When did you go to the concert? And what kind of music did you listen to?

Your friend,
Tilly

Hi, Tilly!

Thank you for your e-mail.

> 解答欄に記入しなさい。

Best wishes,

5 ライティング（英作文）

● あなたは，外国人の友達から以下のQUESTIONをされました。

● QUESTIONについて，あなたの考えとその理由を2つ英文で書きなさい。

● 語数の目安は25語〜35語です。

● 解答は，解答用紙の裏面にある英作文解答欄に書きなさい。なお，解答欄の外に書かれたものは採点されません。

● 解答がQUESTIONに対応していないと判断された場合は，0点と採点されることがあります。QUESTIONをよく読んでから答えてください。

QUESTION

Which do you like better, playing sports or watching sports?

Day 1
Day 2
Day 3
Day 4
Day 5
Day 6
Day 7

Listening Test

❶このテストには，第1部から第3部まであります。英文は第1部では一度だけ，第2部と第3部では二度，放送されます。

第1部	イラストを参考にしながら対話と応答を聞き，最も適切な応答を**1**，**2**，**3**の中から一つ選びなさい。
第2部	対話と質問を聞き，その答えとして最も適切なものを**1**，**2**，**3**，**4**の中から一つ選びなさい。
第3部	英文と質問を聞き，その答えとして最も適切なものを**1**，**2**，**3**，**4**の中から一つ選びなさい。

❷No. 30のあと，10秒すると試験終了の合図がありますので，筆記用具を置いてください。

第*1*部 🔊100〜110

No. 1

No. 2

No. 3

No. 4

No. 5

No. 6

No. 7

No. 8

No. 9

No. 10

No. 11　　**1** Buy a map.
　　　　　　2 Fix their car.
　　　　　　3 Make a phone call.
　　　　　　4 Ask a police officer.

No. 12　　**1** At a cafeteria.
　　　　　　2 At a Thai restaurant.
　　　　　　3 At an Italian restaurant.
　　　　　　4 At a sandwich shop.

No. 13　　**1** Go to sleep.
　　　　　　2 Turn on the TV.
　　　　　　3 Read a book.
　　　　　　4 Set his alarm clock.

No. 14　　**1** She forgot to clean her jeans.
　　　　　　2 She found a hole in the pocket.
　　　　　　3 She has to wash her jeans again.
　　　　　　4 She doesn't like candy.

No. 15　　**1** Ask other stores.
　　　　　　2 Find a black coat.
　　　　　　3 Check the time.
　　　　　　4 Sell a green cap.

No. 16	**1** He overslept.
	2 The bus was late.
	3 He had an accident.
	4 The streets were crowded.

No. 17	**1** Once.
	2 Twice.
	3 Three times.
	4 Four times.

No. 18	**1** Sandy.
	2 Sandy's sister.
	3 Sam.
	4 Sam's sister.

No. 19	**1** Sell some books.
	2 Go to a bookstore.
	3 Play soccer with Linda.
	4 Visit Linda's house.

No. 20	**1** On Tuesday.
	2 On Wednesday.
	3 On Thursday.
	4 On Friday.

Day 1
Day 2
Day 3
Day 4
Day 5
Day 6
Day 7

No. 21　　**1** The monkeys.
　　　　　2 The lions.
　　　　　3 The elephants.
　　　　　4 The bears.

No. 22　　**1** Daniel.
　　　　　2 Mr. Williams.
　　　　　3 Beth.
　　　　　4 Mike.

No. 23　　**1** Teach at a music school.
　　　　　2 Play in a band.
　　　　　3 Learn the trumpet.
　　　　　4 Buy a new guitar.

No. 24　　**1** At a hotel.
　　　　　2 At a station.
　　　　　3 On a plane.
　　　　　4 On a bus.

No. 25　　**1** A present for his parents.
　　　　　2 A dog he got for his birthday.
　　　　　3 Where he lives.
　　　　　4 How to play with a ball.

No. 26	**1** At 1:10.
	2 At 1:50.
	3 At 2:00.
	4 At 4:00.

No.27	**1** Sell things at a store.
	2 Teach children English.
	3 Exercise at a gym.
	4 Play with her son.

No. 28	**1** He forgot his ticket.
	2 The ticket machine wasn't working.
	3 The theater wasn't open yet.
	4 Many people were buying tickets.

No. 29	**1** She couldn't buy a present.
	2 She couldn't find a store.
	3 Her father didn't like purple.
	4 There were no blue sweaters.

No. 30	**1** For a week.
	2 For two weeks.
	3 For three weeks.
	4 For a month.

筆記試験&リスニングテスト

Day 1
Day 2
Day 3
Day 4
Day 5
Day 6
Day 7

3級の面接（スピーキングテスト）はどんなテスト？

面接（スピーキングテスト）では，英文とイラストが付いた問題カードが渡されます。問題カードに関する質問が3問で，受験者自身に関する質問が2問です。テストの流れ，面接委員とのやり取り，重要表現を確認しましょう。

☑ 面接（スピーキングテスト）の流れ

1 問題カードの黙読・音読

黙読：問題カードの英文を黙読します。英文全体の大まかな内容を理解することに集中します。

指示例 Here's your card. Please read the passage silently for twenty seconds.
「これが問題カードです。20秒で英文を黙読してください」

音読：タイトルと英文を読みます。意味のまとまりごとに区切って読むことに加え，単語の発音やアクセントに注意しながら，焦らずに自分のペースで音読します。

指示例 Now, please read it aloud. 「では，それを音読してください」

2 5つの質問

音読の後，面接委員から5つの質問をされます。

指示例 Now, I'm going to ask you five questions. 「では，5つの質問をします」

No.1（問題カードの英文に関する質問）
質問の疑問詞，主語，動詞などに注意します。英文中の特定の文に解答が含まれていますが，解答する際，主語は代名詞に置き換え，質問とは関係のない部分は省略します。

No.2・No.3（問題カードのイラストに関する質問）
登場人物がしている動作やこれからとる行動，人・物の数や場所などがよく出題されます。イラストの中の誰（何）に関する質問であるかを確認して，質問に合わせた形で答えます。

質問例 What is he doing? → 解答例 He is[He's] ～ing.
質問例 What is the woman going to do? → 解答例 She is[She's] going to ～.
質問例 How many people are wearing glasses? → 解答例 ～ people are (wearing glasses).

※No.4に入る前に，Now, Mr. / Ms. ～, please turn the card over. 「さて，～さん，問題カードを裏返してください」という指示があります。

No.4（受験者自身に関する質問）

質問の疑問詞や時を表す語句などに注意して問われていることを正確に理解し，〈主語（I）＋動詞〉の形の文で答えます。

No.5（受験者自身に関する質問）

最初の質問にはYes. / No.で答えます。最初の質問の答えによって2つ目の質問が異なります。自分のことについて自由に答える質問ですが，問われていることに対応した内容を文で答えます。

☑ 面接（スピーキングテスト）の重要表現

1 入室

受験者 May I come in?「入ってもいいですか」
面接委員 Yes, please.「どうぞ」
面接委員 Can I have your card, please?「あなたのカードをいただけますか」
受験者 Here you are.「はい，どうぞ」
面接委員 Please have a seat.「お座りください」

2 氏名と受験級の確認，簡単なあいさつ

面接委員 My name is ～. May I have your name, please?
　　　　　「私の名前は～です。あなたのお名前をお伺いできますか」
受験者 My name is ～.「私の名前は～です」
面接委員 This is the Grade 3 test, OK?「これは3級のテストです，よろしいですか」
受験者 OK.「はい」
面接委員 How are you today?「今日の調子はいかがですか」
受験者 I'm fine, thank you.「元気です，ありがとうございます」

3 カードの返却と退室

面接委員 This is the end of the test. Could I have the card back, please?
　　　　　「これでテストは終了です。問題カードを返却していただけますか」
受験者 Here you are.「はい，どうぞ」
面接委員 You may go now.「退出して結構です」
受験者 Thank you. Goodbye.「ありがとうございました。さようなら」

4 自分のことについて伝える表現

I like ～「～が好きです」／ I like to ～「～することが好きです」／ I want to ～「～したいです」／ I'd like to ～「～してみたいです」／ I'm going to ～「～するつもりです」／ I'm planning to ～「～する予定です」／ I can ～「～できます」／ I often ～「よく～します」

Day 1
Day 2
Day 3
Day 4
Day 5
Day 6
Day 7

面接（スピーキングテスト）

試験時間　面接約5分

スピーキングテスト
対策はこちら▶▶▶

🔊 **133~137**

問題カードA

Department stores

Many people enjoy shopping at department stores. Department stores sell many kinds of things, so they are convenient places for people to shop. Most stores also have restaurants in them.

Questions

No. 1   Please look at the passage. Why are department stores convenient places for people to shop?

No. 2   Please look at the picture. What is the woman with glasses doing?

No. 3   Please look at the man. What is he going to do?

Now, Mr. / Ms. —, please turn the card over.

No. 4   What are you planning to do this weekend?

No. 5   Have you ever tried any winter sports?
             Yes. → Please tell me more.
             No. → What do you like to do in your free time?

Day 1
Day 2
Day 3
Day 4
Day 5
Day 6
Day 7

Picnic

Many people like to go on a picnic. It is fun to eat outside with your family on a sunny day. Some people want to make a delicious lunch, so they get up very early.

Questions

No. 1   Please look at the passage. Why do some people get up very early?

No. 2   Please look at the picture. How many children are playing with a ball?

No. 3   Please look at the woman. What is she doing?

Now, Mr. / Ms. —, please turn the card over.

No. 4   What kind of movies do you like best?

No. 5   Have you ever been to a foreign country?
            Yes. → Please tell me more.
            No. → What do you usually do after dinner?

Day 1
Day 2
Day 3
Day 4
Day 5
Day 6
Day 7

英検合格をサポート！

英検対策・試験情報

旺文社の
英検®合格ナビゲーター

英検合格ナビゲーターは，英検合格を目指す方にオススメのサイトです。

旺文社の英検書ラインアップを紹介！

オススメ商品の紹介のほか，
ご自分に合った本を探すこともできます

Web特典をご利用いただけます！

ご購入いただいた書籍のWeb特典をご利用いただけます
※書籍によってご利用いただける特典は異なります

英検試験情報，学習方法，
英検の大学入試利用情報についても紹介！

英検の試験情報や級別対策法，
「大学受験パスナビ」で詳しい情報がわかります

旺文社の英検®合格ナビゲーター
https://eiken.obunsha.co.jp/

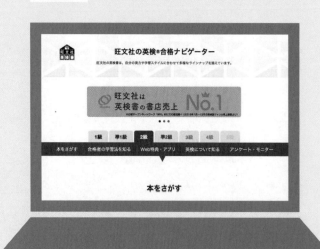

PC・
スマホで！

注意事項

①解答には HB の黒鉛筆（シャープペンシルも可）を使用し、解答を訂正する場合には消しゴムで完全に消してください。

②解答用紙は絶対に汚したり折り曲げたり、所定以外のところへの記入はしないでください。

③マーク例

良い例	悪い例
●	⊙ ⊗ ◐

◯ これ以下の濃さのマークは読めません。

筆記解答欄

問題番号	1 2 3 4
1	(1) ① ② ③ ④
	(2) ① ② ③ ④
	(3) ① ② ③ ④
	(4) ① ② ③ ④
	(5) ① ② ③ ④
	(6) ① ② ③ ④
	(7) ① ② ③ ④
	(8) ① ② ③ ④
	(9) ① ② ③ ④
	(10) ① ② ③ ④
	(11) ① ② ③ ④
	(12) ① ② ③ ④
	(13) ① ② ③ ④
	(14) ① ② ③ ④
	(15) ① ② ③ ④

筆記解答欄

問題番号	1 2 3 4
2	(16) ① ② ③ ④
	(17) ① ② ③ ④
	(18) ① ② ③ ④
	(19) ① ② ③ ④
	(20) ① ② ③ ④
3	(21) ① ② ③ ④
	(22) ① ② ③ ④
	(23) ① ② ③ ④
	(24) ① ② ③ ④
	(25) ① ② ③ ④
	(26) ① ② ③ ④
	(27) ① ② ③ ④
	(28) ① ② ③ ④
	(29) ① ② ③ ④
	(30) ① ② ③ ④

リスニング解答欄

問題番号	1 2 3 4
第1部	No.1 ① ② ③
	No.2 ① ② ③
	No.3 ① ② ③
	No.4 ① ② ③
	No.5 ① ② ③
	No.6 ① ② ③
	No.7 ① ② ③
	No.8 ① ② ③
	No.9 ① ② ③
	No.10 ① ② ③
第2部	No.11 ① ② ③ ④
	No.12 ① ② ③ ④
	No.13 ① ② ③ ④
	No.14 ① ② ③ ④
	No.15 ① ② ③ ④
	No.16 ① ② ③ ④
	No.17 ① ② ③ ④
	No.18 ① ② ③ ④
	No.19 ① ② ③ ④
	No.20 ① ② ③ ④
第3部	No.21 ① ② ③ ④
	No.22 ① ② ③ ④
	No.23 ① ② ③ ④
	No.24 ① ② ③ ④
	No.25 ① ② ③ ④
	No.26 ① ② ③ ④
	No.27 ① ② ③ ④
	No.28 ① ② ③ ④
	No.29 ① ② ③ ④
	No.30 ① ② ③ ④

※ 4 と 5 の解答欄は裏面にあります。

裏面記入上の注意

・太枠に囲まれた部分のみが採点の対象です。

・指示事項を守り、文字は、はっきりと分かりやすく、濃く、書いてください。

・数字の1と小文字のl（エル）、数字の2とZ（ゼット）など似ている文字は、判別できるよう書いてください。

・消しゴムで消す場合は、消しくず、消し残しがないようしっかりと消してください。

・解答が英語以外の言語を用いている、質問と関係がない、テストの趣旨に反すると判断された場合、0点と採点される可能性があります。

5 英作文解答欄

語数の目安は25〜35語です。

5

10

---

4 Eメール解答欄

語数の目安は15〜25語です。

5

10

切り取り線

Day 2 解答用紙（3級）

筆記解答欄

問題番号	1 2 3 4
(1)	① ② ③ ④
(2)	① ② ③ ④
(3)	① ② ③ ④
(4)	① ② ③ ④
(5)	① ② ③ ④
(6)	① ② ③ ④
(7)	① ② ③ ④
1 (8)	① ② ③ ④
(9)	① ② ③ ④
(10)	① ② ③ ④
(11)	① ② ③ ④
(12)	① ② ③ ④
(13)	① ② ③ ④
(14)	① ② ③ ④
(15)	① ② ③ ④

筆記解答欄

問題番号	1 2 3 4
(16)	① ② ③ ④
(17)	① ② ③ ④
2 (18)	① ② ③ ④
(19)	① ② ③ ④
(20)	① ② ③ ④
(21)	① ② ③ ④
(22)	① ② ③ ④
(23)	① ② ③ ④
(24)	① ② ③ ④
(25)	① ② ③ ④
3 (26)	① ② ③ ④
(27)	① ② ③ ④
(28)	① ② ③ ④
(29)	① ② ③ ④
(30)	① ② ③ ④

リスニング解答欄

問題番号	1 2 3 4
第1部 No.1	① ② ③
No.2	① ② ③
No.3	① ② ③
No.4	① ② ③
No.5	① ② ③
No.6	① ② ③
No.7	① ② ③
No.8	① ② ③
No.9	① ② ③
No.10	① ② ③
第2部 No.11	① ② ③ ④
No.12	① ② ③ ④
No.13	① ② ③ ④
No.14	① ② ③ ④
No.15	① ② ③ ④
No.16	① ② ③ ④
No.17	① ② ③ ④
No.18	① ② ③ ④
No.19	① ② ③ ④
No.20	① ② ③ ④
第3部 No.21	① ② ③ ④
No.22	① ② ③ ④
No.23	① ② ③ ④
No.24	① ② ③ ④
No.25	① ② ③ ④
No.26	① ② ③ ④
No.27	① ② ③ ④
No.28	① ② ③ ④
No.29	① ② ③ ④
No.30	① ② ③ ④

※ 4 と 5 の解答欄は裏面にあります。

5 英作文解答欄

語数の目安は 25 〜 35 語です。

4 Eメール解答欄

語数の目安は 15 〜 25 語です。

切り取り線

Day 3　解答用紙（3級）

注意事項

①解答には HB の黒鉛筆（シャープペンシルも可）を使用し、解答を訂正する場合には消しゴムで完全に消してください。

②解答用紙は絶対に汚したり折り曲げたり、所定以外のところへの記入はしないでください。

③マーク例

良い例	悪い例
●	⊙ ⊗ ⊖

◯ これ以下の濃さのマークは読めません。

筆記解答欄

問題番号		1 2 3 4
1	(1)	① ② ③ ④
	(2)	① ② ③ ④
	(3)	① ② ③ ④
	(4)	① ② ③ ④
	(5)	① ② ③ ④
	(6)	① ② ③ ④
	(7)	① ② ③ ④
	(8)	① ② ③ ④
	(9)	① ② ③ ④
	(10)	① ② ③ ④
	(11)	① ② ③ ④
	(12)	① ② ③ ④
	(13)	① ② ③ ④
	(14)	① ② ③ ④
	(15)	① ② ③ ④

筆記解答欄

問題番号		1 2 3 4
2	(16)	① ② ③ ④
	(17)	① ② ③ ④
	(18)	① ② ③ ④
	(19)	① ② ③ ④
	(20)	① ② ③ ④
3	(21)	① ② ③ ④
	(22)	① ② ③ ④
	(23)	① ② ③ ④
	(24)	① ② ③ ④
	(25)	① ② ③ ④
	(26)	① ② ③ ④
	(27)	① ② ③ ④
	(28)	① ② ③ ④
	(29)	① ② ③ ④
	(30)	① ② ③ ④

リスニング解答欄

問題番号		1 2 3 4
第1部	No.1	① ② ③
	No.2	① ② ③
	No.3	① ② ③
	No.4	① ② ③
	No.5	① ② ③
	No.6	① ② ③
	No.7	① ② ③
	No.8	① ② ③
	No.9	① ② ③
	No.10	① ② ③
第2部	No.11	① ② ③ ④
	No.12	① ② ③ ④
	No.13	① ② ③ ④
	No.14	① ② ③ ④
	No.15	① ② ③ ④
	No.16	① ② ③ ④
	No.17	① ② ③ ④
	No.18	① ② ③ ④
	No.19	① ② ③ ④
	No.20	① ② ③ ④
第3部	No.21	① ② ③ ④
	No.22	① ② ③ ④
	No.23	① ② ③ ④
	No.24	① ② ③ ④
	No.25	① ② ③ ④
	No.26	① ② ③ ④
	No.27	① ② ③ ④
	No.28	① ② ③ ④
	No.29	① ② ③ ④
	No.30	① ② ③ ④

切り取り線

Day 4 　解答用紙（3級）

注意事項
①解答には HB の黒鉛筆（シャープペンシルも可）を使用し、解答を訂正する場合には消しゴムで完全に消してください。
②解答用紙は絶対に汚したり折り曲げたり、所定以外のところへの記入はしないでください。
③マーク例

良い例	悪い例

 これ以下の濃さのマークは読めません。

筆記解答欄

問題番号	1 2 3 4
(1)	① ② ③ ④
(2)	① ② ③ ④
(3)	① ② ③ ④
(4)	① ② ③ ④
(5)	① ② ③ ④
(6)	① ② ③ ④
(7)	① ② ③ ④
1 (8)	① ② ③ ④
(9)	① ② ③ ④
(10)	① ② ③ ④
(11)	① ② ③ ④
(12)	① ② ③ ④
(13)	① ② ③ ④
(14)	① ② ③ ④
(15)	① ② ③ ④

筆記解答欄

問題番号	1 2 3 4
(16)	① ② ③ ④
(17)	① ② ③ ④
2 (18)	① ② ③ ④
(19)	① ② ③ ④
(20)	① ② ③ ④
(21)	① ② ③ ④
(22)	① ② ③ ④
(23)	① ② ③ ④
(24)	① ② ③ ④
(25)	① ② ③ ④
3 (26)	① ② ③ ④
(27)	① ② ③ ④
(28)	① ② ③ ④
(29)	① ② ③ ④
(30)	① ② ③ ④

リスニング解答欄

問題番号	1 2 3 4
第1部 No.1	① ② ③
No.2	① ② ③
No.3	① ② ③
No.4	① ② ③
No.5	① ② ③
No.6	① ② ③
No.7	① ② ③
No.8	① ② ③
No.9	① ② ③
No.10	① ② ③
第2部 No.11	① ② ③ ④
No.12	① ② ③ ④
No.13	① ② ③ ④
No.14	① ② ③ ④
No.15	① ② ③ ④
No.16	① ② ③ ④
No.17	① ② ③ ④
No.18	① ② ③ ④
No.19	① ② ③ ④
No.20	① ② ③ ④
第3部 No.21	① ② ③ ④
No.22	① ② ③ ④
No.23	① ② ③ ④
No.24	① ② ③ ④
No.25	① ② ③ ④
No.26	① ② ③ ④
No.27	① ② ③ ④
No.28	① ② ③ ④
No.29	① ② ③ ④
No.30	① ② ③ ④

※ 4 と 5 の解答欄は裏面にあります。

裏面記入上の注意
・太枠に囲まれた部分のみが採点の対象です。
・指示事項を守り、文字は、はっきりと分かりやすく、濃く、書いてください。
・数字の1と小文字のl（エル）、数字の2とZ（ゼット）など似ている文字は、判別できるよう書いてください。
・消しゴムで消す場合は、消しくず、消し残しがないようしっかりと消してください。
・解答が英語以外の言語を用いている、質問と関係がない、テストの趣旨に反すると判断された場合、0点と採点される可能性があります。

5 英作文解答欄

語数の目安は 25 ～ 35 語です。

5

10

4 E メール解答欄

語数の目安は 15 ～ 25 語です。

5

10

Day 5　解答用紙（3級）

注意事項

①解答には HB の黒鉛筆（シャープペンシルも可）を使用し、解答を訂正する場合には消しゴムで完全に消してください。

②解答用紙は絶対に汚したり折り曲げたり、所定以外のところへの記入はしないでください。

③マーク例

良い例	悪い例
●	○ ⊗ ◓

▢ これ以下の濃さのマークは読めません。

筆記解答欄

問題番号	1	2	3	4
(1)	①	②	③	④
(2)	①	②	③	④
(3)	①	②	③	④
(4)	①	②	③	④
(5)	①	②	③	④
(6)	①	②	③	④
(7)	①	②	③	④
1　(8)	①	②	③	④
(9)	①	②	③	④
(10)	①	②	③	④
(11)	①	②	③	④
(12)	①	②	③	④
(13)	①	②	③	④
(14)	①	②	③	④
(15)	①	②	③	④

筆記解答欄

問題番号	1	2	3	4
(16)	①	②	③	④
(17)	①	②	③	④
2　(18)	①	②	③	④
(19)	①	②	③	④
(20)	①	②	③	④
(21)	①	②	③	④
(22)	①	②	③	④
(23)	①	②	③	④
(24)	①	②	③	④
(25)	①	②	③	④
3　(26)	①	②	③	④
(27)	①	②	③	④
(28)	①	②	③	④
(29)	①	②	③	④
(30)	①	②	③	④

リスニング解答欄

問題番号	1	2	3	4
第1部　No.1	①	②	③	
No.2	①	②	③	
No.3	①	②	③	
No.4	①	②	③	
No.5	①	②	③	
No.6	①	②	③	
No.7	①	②	③	
No.8	①	②	③	
No.9	①	②	③	
No.10	①	②	③	
第2部　No.11	①	②	③	④
No.12	①	②	③	④
No.13	①	②	③	④
No.14	①	②	③	④
No.15	①	②	③	④
No.16	①	②	③	④
No.17	①	②	③	④
No.18	①	②	③	④
No.19	①	②	③	④
No.20	①	②	③	④
第3部　No.21	①	②	③	④
No.22	①	②	③	④
No.23	①	②	③	④
No.24	①	②	③	④
No.25	①	②	③	④
No.26	①	②	③	④
No.27	①	②	③	④
No.28	①	②	③	④
No.29	①	②	③	④
No.30	①	②	③	④

Day 6 解答用紙（3級）

筆記解答欄

問題番号	1 2 3 4
(1)	① ② ③ ④
(2)	① ② ③ ④
(3)	① ② ③ ④
(4)	① ② ③ ④
(5)	① ② ③ ④
(6)	① ② ③ ④
(7)	① ② ③ ④
1 (8)	① ② ③ ④
(9)	① ② ③ ④
(10)	① ② ③ ④
(11)	① ② ③ ④
(12)	① ② ③ ④
(13)	① ② ③ ④
(14)	① ② ③ ④
(15)	① ② ③ ④

筆記解答欄

問題番号	1 2 3 4
(16)	① ② ③ ④
(17)	① ② ③ ④
2 (18)	① ② ③ ④
(19)	① ② ③ ④
(20)	① ② ③ ④
(21)	① ② ③ ④
(22)	① ② ③ ④
(23)	① ② ③ ④
(24)	① ② ③ ④
(25)	① ② ③ ④
3 (26)	① ② ③ ④
(27)	① ② ③ ④
(28)	① ② ③ ④
(29)	① ② ③ ④
(30)	① ② ③ ④

リスニング解答欄

問題番号	1 2 3 4
第1部 No.1	① ② ③
No.2	① ② ③
No.3	① ② ③
No.4	① ② ③
No.5	① ② ③
No.6	① ② ③
No.7	① ② ③
No.8	① ② ③
No.9	① ② ③
No.10	① ② ③
第2部 No.11	① ② ③ ④
No.12	① ② ③ ④
No.13	① ② ③ ④
No.14	① ② ③ ④
No.15	① ② ③ ④
No.16	① ② ③ ④
No.17	① ② ③ ④
No.18	① ② ③ ④
No.19	① ② ③ ④
No.20	① ② ③ ④
第3部 No.21	① ② ③ ④
No.22	① ② ③ ④
No.23	① ② ③ ④
No.24	① ② ③ ④
No.25	① ② ③ ④
No.26	① ② ③ ④
No.27	① ② ③ ④
No.28	① ② ③ ④
No.29	① ② ③ ④
No.30	① ② ③ ④

※ 4 と 5 の解答欄は裏面にあります。

切り取り線

5 英作文解答欄

語数の目安は 25 ～ 35 語です。

4 E メール解答欄

語数の目安は 15 ～ 25 語です。

文部科学省後援

英検®3級
予想問題ドリル

[6訂版]

解答と解説
かいとう　かいせつ

Contents 解答と解説
かいとう　かいせつ

英検®は、公益財団法人 日本英語検定協会の登録商標です。

旺文社

筆記試験＆リスニングテスト
解答と解説

問題編 p.11〜26

筆記

1

問題	1	2	3	4	5	6	7	8	9	10	11	12	13	14	15
解答	2	3	4	1	2	3	4	2	1	3	2	2	3	1	4

2

問題	16	17	18	19	20
解答	2	4	3	4	1

3

		A		*B*			*C*		
問題	21	22	23	24	25	26	27	28	29	30
解答	3	2	4	4	3	1	4	3	2	3

4　**5**　解説内にある解答例を参照してください。

リスニング

第1部

問題	1	2	3	4	5	6	7	8	9	10
解答	2	3	3	1	1	1	3	1	3	1

第2部

問題	11	12	13	14	15	16	17	18	19	20
解答	4	1	4	2	2	3	4	2	2	2

第3部

問題	21	22	23	24	25	26	27	28	29	30
解答	3	2	1	3	3	4	1	1	4	3

1

(1) 解答 **2**

「誰かがバスの中でジャックの財布を盗んだので，ジャックはお金がまったくない」

解説 has no money「お金がまったくない」ので，盗まれたのはwallet「財布」。stoleはsteal「〜を盗む」の過去形。**1** tournament「トーナメント」，**3** secret「秘密」，**4** chance「機会」。

(2) 解答 **3**

「シンディーは数学の宿題に1問わからない問題があったので，父親にそれを説明してくれるように頼んだ」

解説 シンディーは数学のproblem「問題」がわからなかったので，父親にその問題をexplain「〜を説明する」ことを頼んだというのが自然な流れ。**1** save「〜を救う」，**2** pick「〜を選ぶ」，**4** contact「〜に連絡する」。

(3) 解答 **4**

A「いつこの町に引っ越してきたの？」
B「7歳のときにここに来たんだ」

解説 Aの質問はWhenで始まり，「この町に引っ越してきた時」をたずねている。ageは「年齢」という意味で，at the age of 〜で「〜歳のとき

に」。**1** season「季節」，**2** color「色」，**3** size「サイズ」。

(4) 解答 **1**

A「サムの言うことは何も信じられないよ」
B「彼は私にうそばかりつくので，私も同じことを考えていたところよ」

解説　Aの発言を受けてBは I was just thinking the same thing と同意している。その理由が he's always lying to me なので，can't believe ～「～を信じられない」とするのが適切。**2** decide「～を決める」，**3** return「戻る」，**4** invite「～を招待する」。

(5) 解答 **2**

「そのカバンはとても高かったので，ヘレンはそれを買うことができなかった」

解説　Helen could not buy it（＝ The bag）の理由として成立するのは，カバンが expensive「（値段が）高い」ということ。**1** correct「正しい」，**3** comfortable「快適な」，**4** useful「役に立つ」。

(6) 解答 **3**

「ジェーンはその試験でいい成績をとれるくらい頭がよかった」

解説　〈be［was］＋形容詞＋ enough to ～〉で「～するのに十分に…だ［だった］」という意味。smart「賢い」を日本語の「スマート」と混同しないように注意する。**1** much「たくさん」，**2** fast「速く」，**4** well「上手に」。

(7) 解答 **4**

「クリストファー・コロンブスがついにアメリカに着いたとき，彼はそこをインドだと思った」

解説　America「アメリカ」と場所を表す語につながる動詞は，reach「～に着く」の過去形 reached。**1** は perform「～を演じる」，**2** は receive「～を受け取る」，**3** は call「～を呼ぶ」の過去形。

(8) 解答 **2**

A「私の鉛筆が見当たらないの」
B「ああ，この鉛筆は君の？　君の机のそばで拾ったんだ」

解説　空所後の it up とのつながりを考える。

picked は pick の過去形で，ここでの pick ～ up ［pick up ～］は「～を拾い上げる」という意味。「車で迎えに行く」という意味でも頻出。**1** は buy「～を買う」，**3** は make「～を作る」，**4** は wake「目が覚める」の過去形。

(9) 解答 **1**

「できるだけ早くEメールに返事をした方がいいよ」

解説　空所前の語句に注目して，as soon as possible「できるだけ早く」とする。ここでは as soon as you can と同じ意味。**2** could は **3** can「～できる」の過去形。**4** able は be able to ～「～することができる」の形で使うことが多い。

(10) 解答 **3**

「生徒たちは来週，沖縄へ修学旅行に行く。彼らはとてもそれを楽しみにしている」

解説　空所後の forward to it とのつながりを考える。look forward to ～（名詞／～ing）で「～を楽しみにする」という意味で，問題文は現在進行形。**1** は take「～を取る」，**2** は get「～を手に入れる」，**4** は keep「～を保つ」の現在分詞。

(11) 解答 **2**

A「国際パーティーであまり英語を話せなかったわ」
B「君が間違うことを恐れなかったら，君の英語はもっとうまくなると思うよ」

解説　be afraid of ～で「～を恐れる」という意味で，問題文では if you aren't afraid of ～「～を恐れなければ」という否定形。international は「国際的な」，make a mistake［mistakes］は「間違う」という意味。**1** surprised「驚いた」，**3** sorry「すまなく思って」，**4** dangerous「危険な」。

(12) 解答 **2**

A「音楽の音量を下げてくれる，マイク？　勉強しているの」
B「ああ，ごめんなさい」

解説　空所前後の turn と the music との意味的なつながりを考えて，turn down ～［turn ～ down］「～（の音量）を下げる」とする。turn up ～［turn ～ up］「～（の音量）を上げる」も頻出。**1** about

「〜について」，**3** with「〜と一緒に」，**4** in「〜の中に」。

(13) 解答 **3**

A「君のお姉さん[妹さん]は小説を読むのが好きだよね？」

B「ええ。特にミステリーが好きなの」

解説 〈肯定文, 否定形＋主語（代名詞)?〉や〈否定文, 肯定形＋主語（代名詞)?〉で，「〜ですよね？」と相手に確認したり同意を求めたりする付加疑問と呼ばれる形になる。ここでは Your sister likes 〜という一般動詞の3人称単数現在の肯定文なので，doesn't she? とする。

(14) 解答 **1**

A「テニスの試合は何時に始まるの？」

B「9時半だよ。5分しかない。急いで！」

解説 do や does を使った疑問文では，〈do[does]＋主語＋動詞の原形〉の形になるので，**1**の begin が正解。minute(s) は「分」，hurry up は「急ぐ」という意味。

(15) 解答 **4**

「テッドは昨年の夏に引っ越しをして以来，両親に手紙を書いていない」

解説 空所前に hasn't があるので，〈has[have] / hasn't[haven't]＋動詞の過去分詞〉の現在完了にする。ここでは since「〜して以来」があるので，継続（〜して以来…している／していない）を表す現在完了の用法。

2

(16) 解答 **2**

男性「イタリア料理のレストランの前で会おうか」

女性「うーん，その場所はよくわからないから，駅はどう？」

男性「いいよ。じゃあ後でね」

1 何を食べようか？

2 駅はどう？

3 そこへ歩いて行けるわ。

4 あなたをそこへ連れていくわ。

解説 I don't know the place well「その（イタリア料理のレストランの）場所がよくわからない」に続くのは，How about 〜?「〜はどうですか」を使って待ち合わせ場所の変更を提案している**2**。in front of 〜は「〜の前で」という意味。

(17) 解答 **4**

先生「外国に行ったことはある？」

生徒「いいえ，でもぜひ行ってみたいです。ぼくの友達の1人がカナダに住んでいて，彼のところに泊まるように誘われています」

1 それはとても楽しかったです。

2 ぼくは大丈夫です。

3 ぼくはそうはしたくはありませんでした。

4 ぼくはぜひ行ってみたいです。

解説 Have you ever been abroad? という質問に，No, but ...「いいえ，でも…」（＝外国へ行ったことはありませんが…）と答えていることに注意する。この流れに合うのは**4**で，I'd love to 〜は「ぜひ〜したい」という意味。

(18) 解答 **3**

夫「ケイト，もう2時だよ。準備はできた？」

妻「ちょっと待って。帽子を探しているの」

夫「急いで！ 電車に乗り遅れたくないんだ」

1 何時？

2 君はどこへ行くの？

3 準備はできた？

4 確かなの？

解説 2人が出かけようとしている場面。妻の Just a moment.「ちょっと待って」につながるのは，準備できたかどうかをたずねている**3**。Hurry up! は「急いで！」，miss は「（乗り物）に乗りそこなう」という意味。

(19)　解答　4

男性1「君のお姉さん[妹さん]は入院しているそうだね」

男性2「そうなんだ。姉[妹]の誕生日がもうすぐなので，そのときまでによくなるといいんだけど」

1 ぼくは毎日そこへ行くよ

2 今夜君と話すよ

3 姉[妹]は今日元気だよ

4 姉[妹]の誕生日がもうすぐなんだ

解説　〜, so ...「〜（理由・原因），だから…」の構文なので，I hope she'll get better before then の前にはそう思っている理由が入る。また，before then「そのときまでに」もヒントになる。ここでの then は her birthday「姉[妹]の誕生日」を指している。

(20)　解答　1

男の子1「今日の放課後は君とサッカーができないと思う」

男の子2「どうして？」

男の子1「お母さんが先週から病気なんだ」

1 どうして？

2 君はいつ行ったの？

3 誰だったの？

4 それはいくらなの？

解説　最後の My mother has been sick since last week. が，最初の I don't think I can play soccer ... の理由になっていることを理解する。正解**1**の Why not? はその前の否定文を受けて「どうして〜しないのか」という意味で，ここでは放課後に一緒にサッカーができない理由をたずねている。

3A

全訳

グリーンウッド公園からのお知らせ

あなたは写真を撮るのが好きですか。グリーンウッド公園では今年の春祭りの間，写真コンテストを開催します。

コンテストに参加するためにやるべきことは，
●グリーンウッド公園で写真を撮る。
●写真にタイトルをつける。
●写真を3月15日までに当園に送る。

どうやったら優勝できる？
4月1日から7日まで本館で写真を展示し，来園者にお気に入りのものを選んでもらいます。最も多く「お気に入り」を獲得した写真に賞品として100ドルのギフト券を差し上げます。

詳細は，当園のウェブサイト www.greenwoodpark. org をご確認ください。

(21)　解答　3

「このお知らせは何に関するものですか」

1 ある建物の開館。

2 祭りの日程の変更。

3 写真を撮るコンテスト。

4 公園の新しいウェブサイト。

解説　本文2行目の Greenwood Park is having a photo contest ... で話題が示されている。a photo contest「写真コンテスト」を違う表現で言い換えている**3**が正解。

(22)　解答　2

「人々は賞品として何がもらえますか」

1 無料のコンサートチケット。

2 ギフト券。

3 現金100ドル。

4 祭りの写真。

解説　How can you win? の下に書かれている The prize for the photo ... is a $100 gift card. から判断する。a $100 gift card「100ドル分のギフト券」なので，**3**の現金100ドルは不正解。

全訳

送信者：ケビン・ガードナー
受信者：ヨシオ・タナカ
日付：3月21日
件名：いとこの訪問

やあ，ヨシオ，
ぼくのいとこのジェームズが金曜日にシンガポールから日本に来るんだ。ぼくの家に5日間滞在する予定だ。日曜日に町を案内したいんだけど，どこに連れていくか決めてないんだ。ジェームズは美術に興味があるんだけど，ぼくはこのあたりの美術館についてはあまり知らないんだ。それと，ジェームズはサッカーが大好きで，シンガポールの学校ではサッカーチームに入っている。何か考えはある？　君がぼくたちと一緒に来られるなら，それもうれしいんだけど。
それじゃあ，
ケビン

送信者：ヨシオ・タナカ
受信者：ケビン・ガードナー
日付：3月22日
件名：行く場所

こんにちは，ケビン，
日曜日に地元のスタジアムでサッカーの試合があるよ。午前10時に始まる。インターネットでチケットが買えるよ。それから町に美術館が1つあるよ。小さいけど，いい美術館だよ。午後6時30分まで開いているから，サッカーの試合の後にいとこをそこへ連れていったらどう？　残念だけど，ぼくは日曜日に姉[妹]とミュージカルに行くので君たちと一緒には行けないんだ。いとこと楽しい時間が過ごせるといいね。
君の友達，
ヨシオ

送信者：ケビン・ガードナー
受信者：ヨシオ・タナカ
日付：3月23日

件名：ありがとう！

やあ，ヨシオ，
アドバイスをありがとう。ジェームズはきっとサッカーの試合を見たいと思う。試合の後，昼食にするよ。先週，君が教えてくれた新しいレストランへ彼を連れていこうと思っているんだ。それから，午後にジェームズを美術館に連れていくよ。君はミュージカルを楽しんでね。ありがとう。
それじゃあ，
ケビン

(23) 解答 **4**
「ケビンはジェームズに何をしてあげたいですか」
1 自分の学校を案内する。
2 スタジアムまで彼を迎えに行く。
3 彼にインターネットの使い方を教える。
4 彼をすてきな場所に連れていく。
解説　ケビンが書いた最初のEメールの3文目に，I want to show him around town ... とある。「町を案内したい」という内容と合うのは**4**。

(24) 解答 **4**
「なぜヨシオは日曜日にケビンとジェームズと一緒に行かないのですか」
1 彼は美術が好きではない。
2 彼はジェームズのことをよく知らない。
3 彼はチケットを買えなかった。
4 彼は姉[妹]と別の予定がある。
解説　ヨシオが書いた2番目のEメールの7文目にI'm sorry, but I can't go with you とあり，その後に，一緒に行けない理由を because I'm going to a musical with my sister と続けている。このことを，正解の**4**では has plans with his sister「姉[妹]と予定がある」と表現している。

(25) 解答 **3**
「日曜日の午前中，ケビンとジェームズは」
1 美術館に行く。
2 ミュージカルに行く。
3 サッカーの試合を見る。

4 ヨシオと彼[かれ]の姉[妹]に会う。

解説 3番目のEメールの2文目I'm sure James would like to see the soccer game. から，ケビン

はいとこをサッカーの試合へ連れていくと考えられる。また，2番目のEメールの2文目It starts at 10:00 a.m. から，試合は午前中だとわかる。

3C

全訳[ぜんやく]

トマト投げ祭り

　8月にスペイン東部へ行くと，世界で最も大きな食べ物の祭りの1つを見ることができる。バレンシアから38キロメートル離[はな]れたブニョールという小さな町で，1週間続く祭りがある。祭りのメインイベントは，8月最後の水曜日の11時に始[よ]まる。それは「ラ・トマティーナ」と呼ばれる。

　ラ・トマティーナのために，2万人を超える地元[ひとびと]の人々と旅行者がブニョールにやって来る。ラ・トマティーナでは，人々[ひとびと]が1時間ほどトマトを投げつけ合うので，「トマト合戦」の祭りとしても知られている。10万キログラム以上のトマトがラ・トマティーナで使われる。

　人々[ひとびと]がトマトを投げ終わった後，町はトマトで真っ赤になる。もちろん，人々[ひとびと]もみんなトマトまみれになっている。なかには，汚れるとわかっているのでシャツを着[よご]ない人もいる。また，トマト合戦の間に写真を撮[と]るのは難[むずか]しいので，人々[ひとびと]は家にカメラを置いてくる。

　トマト合戦が終わると，町は特別な機械で通りを掃除[そうじ]する。これにはたいてい，たった数時間しかかからない。人と物がすべてきれいになったら，人々[ひとびと]は帰宅[きたく]する。

　どのようにして，このおもしろい祭りは始まったのか。最初のラ・トマティーナは1945年に行われたが，なぜ，どのように始まったのかは誰[だれ]も知らない。友達同士のけんかから始まったと言う人もいる。昔あった戦争に関係していると信じている人たちもいる。しかし今は，世界中の人々[ひとびと]が楽しめる行事である。

(26) 解答 **1**

「ラ・トマティーナで人々[ひとびと]は何をしますか」
1 トマトを投げつけ合う。
2 たくさんの種類のスポーツ観戦を楽しむ。

3 特別価格[かかく]でトマトを買う。
4 自分のペットを連れてくる。

解説 ラ・トマティーナについて，第2段落[だんらく]の2文目でAt La Tomatina, people throw tomatoes at each other ... と説明されている。throwは「～を投げる」，at each otherは「互[たが]いに」という意味。

(27) 解答 **4**

「ラ・トマティーナでは何キログラムのトマトが使われますか」
1 約11キログラム。
2 約38キログラム。
3 2万キログラム未満。
4 10万[まん]キログラム以上。

解説 ラ・トマティーナで使われるトマトの量は，第2段落[だんらく]の3文目で More than 100,000 kilograms of tomatoes are used for La Tomatina. と説明されている。more than ～も選択肢[たくし]のover ～も「～を超[こ]えて，～以上」の意味。

(28) 解答 **3**

「人々[ひとびと]がラ・トマティーナへ行くときにするべきことは」
1 写真を撮[と]るためにカメラを持ってくる。
2 祭りのために新しいシャツを着る。
3 トマトまみれになる準備[じゅんび]をしておく。
4 いろいろな種類のトマトを食べる。

解説 第3段落[だんらく]の2文目にある Of course, all the people are covered with tomatoes から，**3**が正解[せい]。be covered with ～は「～で覆[おお]われる」。

(29) 解答 **2**

「トマト合戦の後には何が起こりますか」
1 映画祭[えいがさい]が始まる。
2 通りが掃除[そうじ]される。
3 人々[ひとびと]は別のイベントに行く。

4 長い夏休みが始まる。

解説 第4段落の1文目にある the town cleans the streets ...から，**2**が正解。

(30) 解答 **3**

「この話は何に関するものですか」
1 旅行者のための夏祭りの計画の立て方。

2 ブニョールの祭りが最初どのように始まったか。
3 スペインで行われる最も大きな祭りの1つは
　　どのようなものか。
4 なぜ祭りが地元の人々に人気がないのか。

解説 タイトルが Tomato Throwing Festival で，本文では主にその祭り（ラ・トマティーナ）の内容が書かれているので**3**が正解。

4

問題文の訳

こんにちは，
Eメールをありがとう。
先週末，映画館に新作の映画を見に行ったんだってね。そのことについてもっと教えて。それはどんな映画なの？　それと，その映画はどうだった？
君の友達，
デイビッド

こんにちは，デイビッド！
Eメールをありがとう。
［解答欄に記入しなさい。］
それでは，

解答例

It is a science fiction movie. The movie was very interesting and exciting. I really enjoyed the whole story.

解答例の訳

それはSF映画だよ。その映画はとてもおもしろくて，わくわくしたよ。ぼくはストーリー全体をとても楽しんだよ。

解説 ［1］Eメールの話題と2つの質問内容を正確に把握する。
話題：あなたが先週末に映画館で見た新作映画
質問内容：① どんな種類の映画なのか。② 映画はどうだったか。
［2］2つの質問に対する自分の答えを考える。

① What kind of movie is it?
　質問と同じ主語，動詞を使って，It is 〜で始める。質問のkindは「種類」という意味なので，具体的な映画名ではなく，自分が見た映画のジャンル（解答例のほかに，an adventure movie「冒険映画」，a comedy「コメディー」，a horror movie「ホラー映画」など）を答える。
② And how was the movie?
　How was 〜?「〜はどうでしたか」は感想などを尋ねる質問なので，interesting「おもしろい」や boring「退屈な」などの形容詞を使って，基本的にはThe movie［It］was 〜の形で見た映画についてどう思ったかを書く。
［3］返信メールの構成を考えて解答を書く。

　語数の目安は15語〜25語なので，［2］の答えを中心としつつ，他の情報を加えながら全体をどのような構成にするかを考える。解答例は，次の構成になっている。
1文目：（見たのは）SF映画だ。→2文目：その映画はとてもおもしろくて，わくわくした。→3文目：ぼくはストーリー全体をとても楽しんだ。

□go to see ～「～を見に行く」 　　　　□exciting「わくわくする」
□last weekend「先週末」 　　　　　　　□the whole ～「～全体」
□science fiction「SF（空想科学小説）」

5

質問の訳
あなたは将来どの国を訪れたいですか。

解答例①

I would like to visit Australia. I have two reasons. First, I want to practice speaking English there. Second, I want to see cute animals like koalas and kangaroos. (29語)

解答例①の訳

私はオーストラリアを訪れたいです。2つの理由があります。第1に，私はそこで英語を話す練習がしたいです。第2に，コアラやカンガルーのようなかわいい動物を見たいと思っています。

解説 解答例の構成は，次のようになっている。
【自分の考え】オーストラリアに行きたい→（理由が2つあることを明示）→【理由1】英語を話す練習がしたい→【理由2】かわいい動物を見たい
　始めに自分の考え（訪れたい国）を述べる。質問の What country would you like to visit ～? に対応して，I would like to visit ～ で始める。I have two reasons. の後は，First, ～ を使って1つ目の理由を述べ，さらに Second, ～ を使って2つ目の理由を挙げる。
■この語句をチェックしよう
□Australia「オーストラリア」（国名） 　　□koala(s)「コアラ」
□cute「かわいい」 　　　　　　　　　　　□kangaroo(s)「カンガルー」

解答例②

I'd like to visit Egypt because I'm interested in its history. I want to see the pyramids and the Sphinx most of all. Also, I want to take a trip on the Nile River. (34語)

解答例②の訳

私はエジプトの歴史に興味があるので，エジプトを訪れたいです。なかでもピラミッドとスフィンクスをいちばん見たいです。また，ナイル川沿いを旅行したいと思います。

解説 解答例の構成は，次のようになっている。
【自分の考え＋理由1】エジプトに行きたい＋エジプトの歴史に興味がある→【理由1の補足】ピラミッドとスフィンクスを見たい→【理由2】ナイル川沿いを旅行したい
　始めに，I'd［I would］like to visit ～ を使って，エジプトを訪れたいという自分の考えを述べる。これに続けて，because ～ を使って1つ目の理由を述べ，Also, ～ を使って2つ目の理由を挙げている。
■この語句をチェックしよう
□Egypt「エジプト」（国名） 　　　　　　□most of all「とりわけ，なかでも」
□be interested in ～「～に興味がある」 　□take a trip「旅行する」
□the pyramids and the Sphinx「ピラミッドとス 　□on the Nile River「ナイル川沿いを」※河川名
　フィンクス」 　　　　　　　　　　　　　　には the を付ける。

Listening Test

No. 1　解答 **2**

☆：Could you make copies of these, John?
★：Sure. How many do you want?
☆：Please make 20 of each.
1 The copy machine is over there.
2 I'll do it right away.
3 Yes, it's yours.

☆：これらのコピーを取ってくれますか，ジョン？
★：いいですよ。何部必要ですか。
☆：それぞれ20部取ってください。
1 コピー機はあちらです。
2 すぐにやります。
3 はい，これはあなたのです。

解説　女性は男性にmake 20 of each「それぞれ20部作る（コピーを取る）」ことを頼んでいる。これに対応しているのは **2** で，do it「そうする」はmake 20（copies）of each を指している。right away は「すぐに」という意味。

No. 2　解答 **3**

☆：Have you found a part-time job yet?
★：No, I'm still looking for one.
☆：Why don't you work at my brother's café?
1 You have a good job.
2 I'd like to have some coffee.
3 That's a nice idea.

☆：アルバイトはもう見つけたの？
★：いや，まだ探しているところだよ。
☆：私の兄［弟］のカフェで働くのはどう？
1 君はいい仕事を持っているね。
2 ぼくはコーヒーを飲みたい。
3 それはいい考えだね。

解説　男性が探している part-time job「アルバイト」が話題。Why don't you 〜?「〜してはどうですか」は提案する表現。女性から work at my brother's café「（女性の）兄［弟］のカフェで働く」ことを提案されたので，それに対して a nice idea「いい考え」と答えている **3** が正解。

No. 3　解答 **3**

☆：That sweater looks really good on you!
★：Thanks. I especially like the design on the front.
☆：Where did you get it?
1 It's for my brother.
2 It's next Sunday.
3 It was a gift from my aunt.

☆：そのセーターはとても似合っているわね！
★：ありがとう。特に前のデザインが気に入っているんだ。
☆：どこで買ったの？
1 兄[弟]用なんだ。
2 次の日曜日だよ。
3 おばからの贈り物だよ。

解説　最後の疑問文は Where で始まっていて，女の子は男の子に it（＝that sweater）「それ（＝そのセーター）」をどこで買ったかたずねている。具体的な場所を答えている選択肢はないが，a gift「贈り物」だと説明している **3** が女の子の質問の応答になっている。

Day **1**

No. 4　解答　1

★ : I'm looking for a tie to wear to work.
☆ : How about this one?
★ : It looks nice, but do you have this in blue?
1 I'm afraid not.
2 It's my favorite color.
3 Here's your change.

★ : 仕事にしていくネクタイを探しているのですが。
☆ : こちらはいかがでしょうか。
★ : すてきですが，これと同じもので青いのはありますか。
1 あいにくございません。
2 それは私のお気に入りの色です。
3 はい，お釣りです。

解説　... do you have this in blue? のthisは店員が勧めたtie「ネクタイ」で，男性は同じネクタイでblue「青色」のものがないかをたずねている。正解**1**のI'm afraid not.は，「あいにく[申し訳ありませんが]，ありません」と丁寧に断る表現。

No. 5　解答　1

★ : Have you ever eaten sushi?
☆ : Yes, I tried it once when I visited Japan last summer.
★ : How did you like it?
1 It was delicious.
2 My friend ate it.
3 It's closed on Mondays.

★ : すしを食べたことがある？
☆ : ええ，昨年の夏，日本を訪れたときに1度食べてみたわ。
★ : どうだった？
1 おいしかったわ。
2 私の友達がそれを食べたわ。
3 それは毎週月曜日は閉まっているわ。

解説　〈Have you (ever)＋過去分詞?〉は「〜したことはありますか」という意味。How did you like 〜?「〜はどうでしたか」は感想をたずねる表現で，最後のitは女の子が日本を訪れたときに食べたsushi「すし」のこと。It was delicious.「おいしかった」と答えている**1**が正解。

No. 6　解答　1

☆ : We need to talk about the new plan.
★ : Let's have a meeting then.
☆ : Are you free tomorrow afternoon?
1 Let me check.
2 I'll go there.
3 I met her yesterday.

☆ : 新しい計画について話す必要があるわね。
★ : それじゃあ，打ち合わせをしよう。
☆ : 明日の午後は空いてる？
1 確認させてね。
2 ぼくはそこへ行くよ。
3 ぼくは彼女に昨日会ったよ。

解説　freeは「時間が空いている」という意味で，女性は男性に明日の午後の予定をたずねている。これに対応しているのは**1**で，〈let＋人＋動詞の原形〉は「（人）に〜させる，（人）が〜することを許可する」，checkは「確認する」という意味。

No. 7　解答　3

★：How was school today, Nina?	★：学校は今日どうだった，ニーナ？
☆：We had a science test.	☆：理科のテストがあったわ。
★：How did you do on the test?	★：テストはどうだった？
1 I'll study for it.	**1** 私(わたし)はそのために勉強するわ。
2 It was late.	**2** それは遅(おそ)かったわ。
3 I think I did well.	**3** うまくやれたと思うわ。

解説　How did you do on 〜?は「〜はどうでしたか」という意味で，男性(だんせい)はニーナに今日あったscience test「理科のテスト」についてたずねている。did well「うまくやった」と答えている**3**が対応(たいおう)した内容(ないよう)になっている。

No. 8　解答　1

☆：I had a terrible day yesterday.	☆：昨日はひどい1日だったわ。
★：What happened?	★：何があったの？
☆：I dropped my smartphone.	☆：スマートフォンを落としちゃったの。
1 That's too bad.	**1** それはお気の毒に。
2 It was too difficult.	**2** それは難(むずか)しすぎた。
3 I think so, too.	**3** ぼくもそう思うよ。

解説　terribleは「ひどい」という意味。女の子はdropped my smartphone「自分のスマートフォンを落とした」と言っているので，相手に同情(どうじょう)の気持ちを表す**1**のThat's too bad.「それはお気の毒に，残念だったね」が正解(せいかい)。

No. 9　解答　3

★：Do you like Italian food?	★：君はイタリア料理は好き？
☆：Yeah. We have it at home twice a week.	☆：ええ。家で週に2回食べているわ。
★：What's your favorite?	★：君がいちばん好きなのは何？
1 No, I don't like pasta.	**1** いいえ，私はパスタが好きじゃないの。
2 I already had lunch.	**2** 私(わたし)はすでに昼食を食べたわ。
3 It's hard to decide.	**3** 決めるのは難(むずか)しいわ。

解説　favoriteは「お気に入り，いちばん好きなもの」という意味で，ここではItalian food「イタリア料理」の中で何がいちばん好きかをたずねている。選択肢(せんたくし)に料理名はないが，hard to decide「決めるのは難(むずか)しい」と答えている**3**が正解(せいかい)。

No. 10 解答 **1**

★ : Do you need any help, Ms. Brown?	★ : 手伝いが必要ですか，ブラウン先生？
☆ : Yes, David. Could you carry these books for me?	☆ : ええ，デイビッド。これらの本を代わりに運んでくれる？
★ : All right. Where should I take them?	★ : わかりました。どこへ持っていけばいいですか。
1 To the teachers' room.	**1** 職員室へ。
2 They are very heavy.	**2** それらはとても重いわ。
3 Before the class.	**3** 授業の前に。

解説　最後のthemはMs. Brownが持っているthese books「これらの本」のこと。男の子は本をどこに持っていけばいいかたずねているので, the teachers' room「職員室」と場所を答えている**1**が正解。

第2部　🔊 012〜022

No. 11 解答 **4**

☆ : I heard that you like to play sports.	☆ : あなたはスポーツをするのが好きだと聞いたわ。
★ : Yeah, I usually play tennis or soccer with my friends on weekends.	★ : うん，ぼくはたいてい週末に友達とテニスやサッカーをするよ。
☆ : Did you play last weekend?	☆ : 先週末はしたの？
★ : No, I went fishing with my dad.	★ : いや，お父さんと魚釣りに行ったんだ。
Question : What did the boy do last weekend?	**質問**：男の子は先週末に何をしましたか。

1 彼はサッカーをした。
2 彼はテニスのコーチに会った。
3 彼は友達を訪ねた。
4 彼は魚釣りに行った。

解説　女の子のDid you play last weekend?に男の子はNoと答えている。普段の週末にするテニスやサッカーではなく先週末に何をしたかは，その後のI went fishing with my dadで説明されている。wentはgoの過去形でwent 〜ingは「〜をしに行った」という意味。

No. 12　解答　1

★：I'm going to the library to return the books, Mom.
☆：Can you take these shirts to the cleaners when you go?
★：OK.　I'll go there on my way to the library.
☆：Thanks.　Please come home by dinnertime.
Question：What will the boy do first?

★：図書館に本を返しに行ってくるね，お母さん。
☆：行くときに，これらのシャツをクリーニング店に持っていってくれる？
★：いいよ。図書館へ行く途中に寄るよ。
☆：ありがとう。夕食の時間までには帰ってきてね。
質問：男の子は最初に何をしますか。

1 クリーニング店に行く。
2 シャツを買う。
3 母親と一緒に夕食を作る。
4 本を返却する。

解説　I'll go there on my way to the library. の理解がポイントになる。there は to the cleaners「クリーニング店へ」を指し，on my way to ～ は「～へ行く途中に」という意味。ここから，最初にクリーニング店へ，その後に図書館へ行くことがわかる。

No. 13　解答　4

★：I'm asking my friends about their favorite season.
☆：I like winter best.　What are everyone's answers?
★：Mary likes spring, and Bob's answer was the same as yours.
☆：I thought so.　He loves skiing.
Question：Which season does Bob like best?

★：友達にいちばん好きな季節について聞いているんだ。
☆：私は冬がいちばん好きよ。みんなの答えはどうだった？
★：メアリーは春がいちばん好きで，ボブの答えは君と同じだったよ。
☆：そうだと思ったわ。彼はスキーが大好きよね。
質問：ボブはどの季節がいちばん好きですか。

1 春。　　　　　　　　　　**2** 夏。
3 秋。　　　　　　　　　　**4** 冬。

解説　favorite season「いちばん好きな季節」が話題。Bob's answer「ボブの答え」については the same as yours「君（の答え）と同じ」と言っている。女の子の I like winter best. から **4** が正解。Mary likes spring を聞いて **1** を選ばないように注意する。

No. 14 解答 **2**

★：Would you like to go to the new restaurant tonight?
☆：Sorry, I have to finish my work.
★：How about tomorrow?
☆：My friend is visiting me. Maybe next time.
Question：Why can't the woman go to the restaurant tonight?

★：今夜，あの新しいレストランに行かない？
☆：ごめんなさい，仕事を終わらせないといけないの。
★：明日はどう？
☆：友達が私を訪ねてくるの。また今度ね。
質問：女性は今夜なぜレストランに行けないのですか。

1 彼女は気分がすぐれない。
2 彼女はやるべき仕事がある。
3 レストランが閉まっている。
4 彼女の友達が訪ねてくる。

解説 Would you like to ～?「～しませんか」は相手を誘う表現。男性からの誘いに対し，女性は Sorry と断っている。その後の I have to finish my work が断った理由。正解の **2** では，has work to do「やるべき仕事がある」と言い換えている。

No. 15 解答 **2**

★：Did you enjoy your trip to Europe, Jane?
☆：Yes, it was great. I spent three days in Italy and two days in France.
★：When did you come back?
☆：Four days ago.
Question：How long did Jane stay in Italy?

★：ヨーロッパ旅行は楽しかった，ジェーン？
☆：ええ，すばらしかったわ。イタリアで3日，フランスで2日過ごしたわ。
★：いつ帰ってきたの？
☆：4日前よ。
質問：ジェーンはイタリアにどのくらい滞在しましたか。

1 2日間。
2 3日間。
3 4日間。
4 5日間。

解説 ジェーンの I spent three days in Italy から **2** が正解。spent は spend「(時)を過ごす」の過去形。質問では stay「滞在する」を使っている。two days in France を聞いて **1** を選んでしまわないように注意する。

No. 16 解答 **3**

☆：Hi, I'm new here.
★：Welcome to our company!
☆：Can you show me where the meeting room is?
★：Sure. I'll take you there.
Question：Where are they talking?

☆：こんにちは，ここに新しく来ました。
★：私たちの会社へようこそ！
☆：会議室がどこにあるか教えてもらえますか。
★：いいですよ。そこへご案内します。
質問：彼らはどこで話していますか。

1 動物園で。
2 学校で。
3 オフィスで。
4 博物館で。

解説 男性の Welcome to our company! や女性の the meeting room「会議室」などから，2人は office「オフィス，会社」で話していることが予想できる。Welcome to ～は「～へようこそ」，show は「(人)に～を教える」。

No. 17 解答 4

☆：What do you want me to do, Dad?
★：Will you cut the tomatoes, Meg?
☆：Sure. I'll wash them before I cut them.
★：OK. I'll boil the potatoes.
Question：What are they doing now?

☆：私に何をしてほしいの，お父さん？
★：トマトを切ってもらえるかな，メグ？
☆：いいわよ。それらを切る前に洗うわね。
★：わかった。ぼくはジャガイモをゆでるよ。
質問：彼らは今何をしていますか。

1 野菜を食べている。
2 ジャガイモを育てている。
3 テレビを見ている。
4 料理をしている。

解説　cut the tomatoes「トマトを切る」，wash them「それら（トマト）を洗う」，boil the potatoes「ジャガイモをゆでる」などから，2人は料理をしていることがわかる。〈want ＋人＋ to ～〉は「（人）に～してもらいたい」という意味。

Day 1

No. 18 解答 2

☆：Tom, where shall we meet for tomorrow's concert?
★：How about at the station, in front of the statue?
☆：It's too crowded there. Let's meet at the bookstore.
★：Fine. See you tomorrow.
Question：Where will they meet tomorrow?

☆：トム，明日のコンサートはどこで待ち合わせする？
★：駅の，像の前はどう？
☆：あそこは混雑しすぎているわ。書店で会いましょう。
★：いいよ。また明日ね。
質問：彼らは明日どこで会いますか。

1 駅で。
2 書店で。
3 像の前で。
4 コンサートホールで。

解説　トムの How about at the station ...? という待ち合わせ場所の提案に，女の子はそこは too crowded「混雑しすぎている」ので，Let's meet at the bookstore. と言っている。これに対して，トムは Fine. と同意しているので**2**が正解。

No. 19　解答　2

☆：I have to write a report about Japanese history for school.
★：That's interesting.
☆：But I don't know much about it.
★：Well, I think you can find some books at the library.
Question：What are they talking about?

☆：日本史についての学校のレポートを書かないといけないの。
★：それはおもしろいね。
☆：でも，それについてよく知らないの。
★：それなら，図書館で何冊か本を見つけられると思うよ。
質問：彼らは何について話していますか。

1 日本に住んでいる人々。
2 女の子の宿題。
3 図書館の場所。
4 本の借り方。

解説　最初のI have to write a report about Japanese history for school.で話題が示されている。a report about 〜は「〜についてのレポート」，Japanese historyは「日本史」という意味。男性のsome booksは，ここでは日本史に関する本のこと。

No. 20　解答　2

★：Excuse me. What time do you close?
☆：10:00 p.m., sir. We finish taking food orders at 9:00.
★：Drinks, too?
☆：Drinks can be ordered until 9:30.
Question：When does the restaurant stop taking drink orders?

★：すみません。閉店は何時ですか。
☆：午後10時です，お客様。食事の注文は9時に終わります。
★：飲み物もですか。
☆：飲み物は9時30分までご注文できます。
質問：レストランはいつ飲み物の注文を終わりにしますか。

1 午後9時に。
2 午後9時30分に。
3 午後10時に。
4 午後10時30分に。

解説　最後のDrinks can be ordered until 9:30.の聞き取りがポイント。orderは「〜を注文する」，untilは「〜まで」という意味。質問ではorderが「注文」という名詞として使われている。**1**の9:00 p.m.は食事の注文の終了時刻，**3**の10:00 p.m.は閉店時刻。

No. 21　解答　**3**

Paul is my best friend. He lives next door, and we go to the same school. We often play soccer together. However, he will move to New York next month because of his father's work. I'll miss him very much.

Question：Why is the boy sad?

ポールはぼくの親友だ。彼は隣に住んでいて，ぼくたちは同じ学校に通っている。ぼくたちはよく一緒にサッカーをする。でも，彼は父親の仕事のために来月ニューヨークに引っ越してしまう。彼がいなくなるととても寂しい。

質問：男の子はなぜ悲しいのですか。

1 彼は転校しなければならない。
2 彼はサッカーの試合で負けた。
3 彼の親友が引っ越す。
4 彼の父親がニューヨークに行く。

解説　I'll miss him の miss は「〜がいなくて寂しい」，him は男の子の best friend「親友」であるポールのこと。男の子が悲しんでいる理由は，he will move to New York で説明されている。move to 〜 は「〜へ引っ越す」という意味。

No. 22　解答　**2**

Mina likes to watch Korean dramas. This summer, she hopes to go to Korea and visit the places which were used in the dramas. Now, she is working hard to make money for her trip.

Question：What does Mina want to do this summer?

ミナは韓国ドラマを見るのが好きだ。この夏，彼女は韓国に行って，ドラマで使われた場所を訪れたいと思っている。今，彼女は旅行のお金を稼ぐために一生懸命働いている。

質問：ミナはこの夏に何をしたいですか。

1 韓国で働く。
2 旅行に行く。
3 ドラマを見る。
4 お金を貯める。

解説　This summer, she hopes to ...「この夏，彼女は〜したいと思っている」以降の聞き取りがポイント。go to Korea and visit the places which were used in the dramas を，正解の**2**では Go on a trip. と短くまとめている。

No. 23　解答　1

I'm in my school's basketball club.　This Saturday, our team will have an important game. My family is coming to watch the game.　I hope we can win.

Question：What will the girl do on Saturday?

私は学校のバスケットボール部に入っている。今度の土曜日に，私たちのチームは大切な試合がある。私の家族がその試合を観戦しに来る。勝てるといいなと思っている。

質問：女の子は土曜日に何をしますか。

1　試合でプレーする。
2　家族と一緒に家にいる。
3　バスケットボールをテレビで見る。
4　新しいクラブに入る。

解説　I'm in ～ club. は「私は～部に入っている」という意味。This Saturday 以降で「今度の土曜日」に何をするかが説明されていて，our team will have an important game から **1** が正解。important は「大切な，重要な」。

No. 24　解答　3

Hello, shoppers.　We're having a sale for five days starting from today.　For the first three days, vegetables will be 10 percent off.　For the last two days, fish will be 20 percent off.　Don't miss this chance!

Question：How many days is the store having a sale?

いらっしゃいませ，お客様。当店は本日から5日間セールを行います。最初の3日間は，野菜が10パーセント割引になります。最後の2日間は，魚が20パーセント割引になります。この機会をお見逃しなく！

質問：店は何日間セールを行いますか。

1　2日間。
2　3日間。
3　5日間。
4　10日間。

解説　Hello, shoppers. で始まる店内放送。We're having a sale for five days starting from today. に正解が含まれている。For the first three days「最初の3日間」や For the last two days「最後の2日間」を聞いて **1** や **2** を選んでしまわないように注意する。

No. 25　解答 3

Yesterday, Jane and I found a notebook on our way home from school. It was Susan's. We decided to take it to her house. However, Susan wasn't home, so we gave the notebook to her brother.

Question：Whose notebook was it?

昨日，ジェーンと私は学校の帰り道に1冊のノートを見つけた。それはスーザンのだった。私たちはそれを彼女の家に持っていくことにした。しかし，スーザンは家にいなかったので，私たちはノートを彼女のお兄さん[弟さん]に渡した。

質問：ノートは誰のでしたか。

1 ジェーンの（ノート）。
2 ジェーンの兄[弟]の（ノート）。
3 スーザンの（ノート）。
4 スーザンの兄[弟]の（ノート）。

解説　foundはfind「～を見つける」の過去形，on *one's* way home from ～は「～から家に帰る途中で」。Jane and I found a notebook → It was Susan's.の流れから判断する。Susan'sはSusan's notebookということ。

No. 26　解答 4

A friend of mine is in the hospital now. I want to visit him, but the hospital is too far from my house. My brother has a car, so I'm going to ask him for a ride.

Question：What does the girl want her brother to do?

私の友達が今，入院している。彼のお見舞いに行きたいが，病院は私の家から遠すぎる。私の兄[弟]が車を持っているので，彼に車に乗せていってくれるよう頼むつもりだ。

質問：女の子は兄[弟]に何をしてもらいたいですか。

1 彼女の家の近くの医者を訪ねる。
2 彼女に運転の仕方を教える。
3 彼女に彼の車を使わせる。
4 彼女を病院まで車に乗せていく。

解説　最後のI'm going to ask him for a rideが女の子が頼もうとしていること。himは同じ文前半の主語であるMy brotherを指している。ask ～ for a rideは「～に車に乗せていってくれるように頼む」という意味。

No. 27　解答　1

Mary is busy this week.　She has to go to the dentist on Tuesday.　She'll see her cousin off at the airport on Wednesday.　On Thursday and Friday, she'll go to the library with her friends.

Question：When will Mary go to the dentist?

メアリーは今週忙しい。彼女は火曜日に歯医者に行かないといけない。水曜日にはいとこを空港で見送る予定だ。木曜日と金曜日は図書館に友達と行く。

質問：メアリーはいつ歯医者に行きますか。

1 火曜日に。　　　　　　　　　　　**2** 水曜日に。
3 木曜日に。　　　　　　　　　　　**4** 金曜日に。

解説　曜日名が複数出てくるので，曜日と行動を結びつけて聞くようにする。She has to go to the dentist on Tuesday. から **1** が正解。dentist は「歯医者」，see 〜 off は「〜を見送る」，cousin は「いとこ」という意味。

No. 28　解答　1

My Aunt Louise was born in Australia and moved to Canada when she was five.　She went to university in France.　Now, she lives in America and works as a news reporter.

Question：Where was Louise born?

ぼくのおばのルイーズはオーストラリアで生まれて，5歳のときにカナダに引っ越した。おばはフランスの大学に行った。今，おばはアメリカに住んでいて，新聞記者として働いている。

質問：ルイーズはどこで生まれましたか。

1 オーストラリアで。　　　　　　　**2** カナダで。
3 アメリカで。　　　　　　　　　　**4** フランスで。

解説　My Aunt Louise was born in Australia から **1** が正解。**2** の Canada は5歳のときに引っ越した国，**3** の America は現在住んでいる国，**4** の France は大学に通った国なので，それぞれの情報を混同しないように注意する。

No. 29　解答　4

Last night, our team had a long meeting.　It was nearly midnight when we finished.　I went home on the last train.　But when I got home, I couldn't find my keys.　They were still at the office.

Question：What was the woman's problem?

昨晩，私たちのチームは長い会議をした。終わったときはほぼ真夜中だった。私は最終電車で帰宅した。しかし家に着いたとき，かぎが見あたらなかった。かぎはまだオフィスにあった。

質問：女性の問題は何でしたか。

1 電車が遅れた。
2 会議が中止になった。
3 彼女は最終電車に乗りそこねた。
4 彼女はオフィスにかぎを置き忘れた。

解説　the woman's problem「女性の問題」は，最後の They were still at the office. から，They（＝ my keys）をオフィスに置いてきたこと。**4** の left は leave「〜を置き忘れる」の過去形。

No. 30 解答 **3**

Ken is good at writing. His friends enjoy his stories very much. This summer, he wants to take a writing class at a university. He'll use the Internet to find one. **Question**：What will Ken do on the Internet?	ケンは書くことが得意だ。彼_{かれ}の友達は彼_{かれ}の物語をとても楽しんでいる。今年の夏，彼_{かれ}は大学で文章講座_{こうざ}を受けたいと思っている。彼_{かれ}はインターネットを使ってそれを見つけるつもりだ。 質問_{しつもん}：ケンはインターネットで何をしますか。

1 人々_{ひとびと}に文章の書き方を教える。

2 文章を書くことに関する本を買う。

3 受講_{じゅこう}する講座_{こうざ}を見つける。

4 友達の物語を読む。

解説 ケンがon the Internet「インターネットで」何をするかは，最後の文のHe'll use the Internet to find one.で説明されている。ここでのoneはその前の文のa writing class「文章講座_{こうざ}」を指しているので正解は**3**。

Day **1**

筆記試験
解答と解説

問題編 p.29〜39

筆記

1	問題	1	2	3	4	5	6	7	8	9	10	11	12	13	14	15
	解答	2	4	3	2	2	4	4	2	1	4	3	4	2	3	4

2	問題	16	17	18	19	20
	解答	4	1	3	1	2

		A	B		C					
3	問題	21	22	23	24	25	26	27	28	29	30
	解答	1	4	2	1	2	2	2	4	1	3

4	5	解説内にある解答例を参照してください。

1

(1) 解答 **2**

「キャシーは，友達が映画『エンドレス・ドリーム』はすばらしいと言ったので，それを見たいと思った」

解説 because以下はCathy wanted to see the movieの理由。itはthe movie *Endless Dream*を指すので，空所に入るのはexcellent「すばらしい」。**1** careful「注意深い」，**3** stormy「嵐の」，**4** thirsty「のどが渇いて」。

(2) 解答 **4**

A「このコーヒーは甘さが足りないな。砂糖を取ってくれる？」

B「はい，どうぞ」

解説 Aはコーヒーがisn't sweet enough「十分には甘くない→甘さが足りない」ので，sugar「砂糖」を入れようとしている状況を理解する。〈pass＋人＋物〉で「（人）に（物）を取ってあげる」。**1** catch「〜を捕まえる」，**2** hold「〜を手に持つ」，**3** touch「〜に触る」。

(3) 解答 **3**

「スミス夫妻が東京に来てから4年がたった」

解説 passは「（時が）過ぎる」で，ここではhave passed「過ぎた」という現在完了になっている。これと空所以降をつなぐのは，接続詞のsince「〜して以来」。**1** until「〜するときまで」，**2** that「〜ということ」，**4** while「〜している間に」。

(4) 解答 **2**

「ジェニーは音楽学校で歌のレッスンを受けている。彼女の夢はプロの歌手になることだ」

解説 空所後のsinger「歌手」と意味的につながるのは，形容詞のprofessional「プロの」。問題文のto 〜は「〜すること」という意味の不定詞の名詞的用法。**1** weak「弱い」，**3** narrow「（幅が）せまい」，**4** delicious「おいしい」。

(5) 解答 **2**

A「メアリー，夏休みはどのように過ごすつもりなの？」

B「友達とキャンプに行く予定よ」

解説 空所後のyour summer vacation「あなた

の夏休み」とのつながりと，Bの応答内容から，spend「(時間)を過ごす」が正解。spendは「(お金)を使う」という意味でも頻出。**1** stay「滞在する」，**3** happen「起こる」，**4** join「〜に参加する」。

(6) 解答 **4**

A「この旅行のプランAとプランBの違いは何ですか」

B「プランAは夕食が付いていないので安いです」

解説 Bの返答にあるcheaperはcheaper than Plan Bということで，AはPlan AとPlan Bのdifference「違い」をたずねていることがわかる。includeは「〜を含む」の意味。**1** goal「ゴール」，**2** reason「理由」，**3** culture「文化」。

(7) 解答 **4**

A「この傘が気に入りました。これの他の色はありますか」

B「はい。青，赤，緑があります」

解説 Bの返答から，店に商品の異なる色があるかどうかたずねているとわかる。otherは「他の」という意味で，Do you have 〜 in other [different] colors?は同じ商品の他の色があるかどうかをたずねる表現。**1** silent「静かな」，**2** wide「広い」，**3** quick「すばやい」。

(8) 解答 **2**

A「メアリーは最近とても早く家に帰るね」

B「そうなの。病気の母親の世話をしなくてはいけないらしいわ」

解説 空所後にcare of 〜があることに注目して，take care of 〜「〜の世話をする」(= look after 〜)とする。these daysは「最近」の意味。**1** look「見る」，**3** see「見る」，**4** stand「立つ」。

(9) 解答 **1**

「クラーク先生はボブに夏休みの終わりまでにレポートを終わらせるように言った」

解説 空所前のby theと，空所後のof the summer vacationとのつながりから，by the end of 〜「〜の終わりまでに」とする。toldはtellの過去形で，〈tell + 人 + to 〜〉で「(人)に〜するように言う」の意味。**2** side「側」，**3** line「列」，

4 head「頭」。

(10) 解答 **4**

「ジョンソンさんは来週，仕事で中国に行く。彼はそこで重要な会議に出席する予定だ」

解説 空所前のonとのつながりと，attend an important meeting「重要な会議に出席する」という内容から，on business「仕事で」という表現にする。**1** opinion「意見」，**2** company「会社」，**3** ceremony「儀式」。

(11) 解答 **3**

A「どうしてこんなに遅れたの？」

B「時間どおりにここに着こうとしたんだけど，道に迷ったんだ」

解説 lostはloseの過去形で，lose *one's* wayで「道に迷う」という意味。try to 〜は「〜しようとする」，on timeは「定刻に」の意味。**1** habit「習慣」，**2** accident「事故」，**4** promise「約束」。

(12) 解答 **4**

「そのバンドはドラム抜きで歌を演奏した。それは違う歌に聞こえた」

解説 soundedはsoundの過去形で，sound like 〜(名詞)で「〜のように聞こえる」。名詞のsound「音」との違いに注意。**1** most「最も」，**2** under「〜の下に」，**3** often「よく」。

(13) 解答 **2**

A「明日は天気がいいといいな」

B「そうね。もし雨が降ったら，私たちはハイキングに行けなくなるわ」

解説 選択肢には動詞rain「雨が降る」のさまざまな形が並んでいる。「もし〜なら」を意味するifの後の動詞は，未来のこと(雨が降る)でも現在形で表す。weatherは「天気」，go hikingは「ハイキングに行く」という意味。

(14) 解答 **3**

「彼の新しい小説は前回のものよりずっと理解しやすかった。私はそれを一晩で読むことができた」

解説 than「〜より」があるので，His new novelとhis last one(= novel)を比較している文で，

easy「簡単な」の比較級easierが正解。空所前のmuchは比較級を強調する用法で,「ずっと〜」という意味。

(15) 解答 **4**

A「来年の夏に家族とメキシコへ行く予定なんだ」
B「それはいいわね。そこでは何語が**話されている**の?」
解説 空所のある文の主語がWhat language「何語」であることと,空所前にisがあることから,speakの過去分詞spokenを使ってis spoken「話されている」という受動態(be動詞+動詞の過去分詞)にする。**3**のspokeはspeakの過去形。

2

(16) 解答 **4**

祖母「ボブ,このカメラの使い方を知ってる?」
孫息子「簡単だよ。ぼくにそれを貸して。教えてあげる」
1 それは君のものだと知っているよ。
2 お父さんがそれを買ったんだ。
3 それについてぼくに教えて。
4 ぼくにそれを貸して。
解説 祖母は孫息子にhow to use this camera「このカメラの使い方」を知っているかどうかたずねている。最後のI'll show you.「教えてあげる」とのつながりから,Give it to me.「(使い方を教えるので)それをぼくに貸して(渡して)」が正解。

(17) 解答 **1**

男性「ジェーン,ビリーのパーティーには行くの?」
女性「もちろん行くわ。とても楽しみにしているの」
1 もちろん行くわ。
2 そうは思わないわ。
3 パーティーはよかったわ。
4 彼はよくわかっていないわ。
解説 look forward to 〜は「〜を楽しみにする」という意味で,最後のitはBilly's partyを指している。パーティーを楽しみにしているという内容から判断する。正解**1**のOf courseは「もちろん」という意味で,I amはI am going to Billy's partyのこと。

(18) 解答 **3**

母親「お帰りなさい,デイビッド。テストはどうだったの?」
息子「前回よりよくできたと思うよ」
母親「それを聞いてうれしいわ」
1 気分はよくなった?
2 いつここへ来たの?
3 テストはどうだったの?
4 天気はどう?
解説 did better than last time「前回よりよくできた」という内容から,test「テスト」のでき具合がどうだったかをたずねている**3**が正解。How was 〜?は「〜はどうでしたか」という表現。

(19) 解答 **1**

女性「京都での滞在はどうだった?」
男性「お寺がとても美しかった。写真を撮ったよ」
女性「本当? 見たいわ」
1 写真を撮ったよ。
2 そこへはバスで行ったよ。
3 それはぼくのお気に入りなんだ。
4 ぼくの姉[妹]がそこに住んでいるんだ。
解説 女性がI'd like to see them.「それらを見たい」と言っていることがポイントで,男性の撮ったsome picturesを見たいということ。Did you?は前の発話を受けて「そうしたの,本当?」という意味。

(20) 解答 **2**

男性「トムに何かあったんじゃないかと思うんだ」
女性「何かあった? どうしてそう思うの?」
男性「最近彼はほとんど話さないんだ」
1 君はどうなの?

2 どうしてそう思うの？
3 彼（かれ）を知っている？
4 私（わたし）に賛成（さんせい）？

解説 something happened to Tom「トムに何か あった」の具体的（ぐたいてき）な内容（ないよう）が，最後のHe almost never talks these days.になっている。この流れか ら，具体的な説明を求めるWhy do you think so? 「どうしてそう思うのですか」が適切（てきせつ）。

3A

全訳（ぜんやく）

スケートクラブが新メンバー募集（ぼしゅう）中！

オークウッド・スケートクラブは新メンバーを歓（かん） 迎（げい）します！
当クラブは20年の歴史があり，クラブからは何人（なん） かのプロスケーターが出ています。子どもも大人 もクラブに加入できます。会員資格（しかく）は1年間有効（ゆうこう） です。

会員ができることは：
● 自分のロッカーを持つ
● スケート靴（ぐつ）を1足無料で借りる
● 割引価格（わりびきかかく）でレッスンを受ける

会費：
3-12歳（さい）：50ドル　　13-59歳（さい）：100ドル
60歳（さい）以上：60ドル

申し訳（わけ）ありませんが，3歳（さい）未満のお子様は会員に なれません。

入会を希望される方は，午前10時から午後8時ま でいつでも当事務所（とうじむしょ）へお越（こ）しください。

(21) 解答 **1**

「このクラブに入る会員ができることは」
1 自分自身のロッカーを使う。
2 クラブの歴史を学ぶ。
3 毎年無料で1レッスン受ける。
4 低価格（かかく）でスケート靴を買う。

解説 掲示（けいじ）のMembers can:に続く内容（ないよう）に注目す る。have their own lockersは「自分専用（せんよう）のロッ カーが持てる」ということ。正解の**1**では，have の代わりにuseが使われている。

(22) 解答 **4**

「クラブの会員になるには何をすべきですか」
1 クラブのウェブサイトにアクセスする。
2 クラブに電話をする。
3 クラブにEメールを書く。
4 クラブの事務（じむ）所（しょ）を訪（おとず）れる。

解説 メンバーになる方法については，掲示（けいじ）のい ちばん下の文に書かれている。If you would like to sign up「入会を希望する方は」に続いて，please come to our office「当事務所（とうじむしょ）へお越（こ）しください」 とあるので正解は**4**。sign upは「〜に参加する， 加入する」という意味。

3B

全訳（ぜんやく）

送信者：リディア・クラーク
受信者：ジェーン・ネルソン
日付：9月19日
件名（けんめい）：来週の番組について

DJジェーン様，
私（わたし）はリディア・クラークという者で，毎週日曜日 にあなたの番組を楽しんでいます！　ラジオ190 は，カントリーミュージックの選曲が最高だと思 います。あなたはおもしろくて優しいので，私の いちばん好きなDJです。来週の番組で，ある曲

をかけてほしくて，このメールを送りました。9月25日は私の母の誕生日で，私たちはあなたの番組を聞くつもりです。母の大好きな曲『道が終わるところ』をかけてほしいのです。曲をかける前に，「お誕生日おめでとう，マリー」（母の名前です）と言ってもらえますか。
よろしくお願いします，
リディア

送信者：ジェーン・ネルソン
受信者：リディア・クラーク
日付：9月20日
件名：Re: 来週の番組について

リディアさん，
Eメールをありがとう。リスナーから便りがあるのはいつでもうれしいものです。また，お母さんのお誕生日おめでとうございます！　もちろん，お母さんのためにその曲をかけます。『道が終わるところ』は，私も大好きな曲の1つです。この曲を歌っているピーター・ミッチェルは，私の父の友達です。お母さんのために，ピーターがサインをしたCDをもらって，それをあなたに送れるかもしれません。いかがですか。
どうぞよろしく，
DJのジェーン・ネルソン

送信者：リディア・クラーク
受信者：ジェーン・ネルソン
日付：9月20日
件名：ありがとうございます！

DJジェーン様，
あなたからEメールをもらえるなんて，本当にすてきな驚きでした！　私たちのために曲をかけてくれると言ってくれて，ありがとうございます。また，母はCDを楽しみにしています。母は長い間，ピーター・ミッチェルの大ファンです。住所は，1730 Elm Street, Lakewood, OH, 45923です。重ねて，あなたのご親切に感謝いたします。
敬具，
リディア

---

(23) 解答 **2**

「ジェーンは番組で何をするように頼まれましたか」
1 リディアの誕生日を知らせる。
2 リディアの母親のために曲をかける。
3 さまざまな種類の音楽を紹介する。
4 リスナーのお気に入りの曲を歌う。

解説　最初のEメールの6文目に，I want you to play her favorite song「彼女の大好きな曲をかけてほしい」と書かれている。her は直前の文にある my mother「私の母」，つまりリディアの母親のことを指す。

(24) 解答 **1**

「ジェーンはなぜピーター・ミッチェルを知っているのですか」
1 彼は彼女の父親の友達である。
2 彼はよく彼女の番組に来ている。
3 彼らはお互い近くに住んでいる。
4 彼らは一緒にバンドで演奏している。

解説　2つ目のEメールの6文目に，Peter Mitchell, who sings the song, is a friend of my father. とある。a friend of my father は「私の父の友達」という意味で，正解の**1**では her father's friend と表現されている。

(25) 解答 **2**

「来週，リディアの母親が楽しみにしているのは」
1 彼女の家でジェーンに会うこと。
2 ピーターがサインしたCDをもらうこと。
3 ラジオ局のツアーに参加すること。
4 音楽のコンサートに行くこと。

解説　be looking forward to ～は「～を楽しみにしている」という意味。3つ目のEメールの3文目に，my mother is looking forward to the CD とある。これは2つ目のEメールでジェーンが，I may be able to get a CD signed by Peter for your mother と書いたことを受けている。これらの内容をまとめた**2**が正解。

3C

全訳

お茶の世界

お茶は世界中の人々に楽しまれている飲み物である。現在は，日本茶，中国茶，そして紅茶が親しまれている。何千年も前に，中国の人々がお茶の木の葉からお茶を作り始めた。それは16世紀か17世紀に，ヨーロッパとアメリカに紹介され，イギリスの人々がミルクや砂糖を入れるなど，新しい方法でお茶を楽しみ始めた。

今日では，お茶は他の多くの方法で楽しまれている。お茶はよく料理に利用されている。日本では，そばやうどんなどの麺類に緑茶が混ぜ込まれていることがある。また，さまざまなお茶が，例えばクッキーやアイスクリームなどのデザートにも使われている。なかには，お茶は健康によいと信じて茶葉そのものを食べる人もいる。

お茶そのものも変わりつつある。お茶が「お茶」と呼ばれるためにはそれがお茶の木から作られていなければならないと言う人もいるが，花，果物，野菜など，他の物からお茶を作ることも普及してきた。このようなお茶は，ハーブティーと呼ばれる。

ハーブティーは何が特別なのだろうか。ハーブティーには多くの種類があり，多くの使い方がある。例えば，中国のハーブティーは薬として用いられてきた。また，普通のお茶のようにハーブティーにもさまざまな風味がある。今日では，ハーブティーは店やその他の多くの場所でよく見られる。お茶は日々の暮らしの一部となっている。

(26) 解答 **2**

「どこで人々はお茶を作り始めましたか」
1 日本で。
2 中国で。
3 イギリスで。
4 アメリカで。

解説　第1段落3文目に, People in China started making tea ... とあるので, 最初にお茶が作られたのはChina「中国」。start ～ingは「～し始める」という意味。

(27) 解答 **2**

「今日のお茶は以前とどのように違いますか」
1 人々は病気のときにしかそれを飲まない。
2 人々は食べ物にそれを使う。
3 それはデザートと一緒に飲まれる。
4 それはもう人気がない。

解説　今日のteaについては, 第2段落で説明されている。第2段落の2文目に Tea is often used in food dishes. とあり, お茶を食べ物やdesserts「デザート」に使ったり, tea leaf「茶葉」そのものを食べたりするなどの具体例が続いている。

(28) 解答 **4**

「一部の人々が言うには」
1 果物から作られたお茶は健康的とは限らない。
2 最高の薬はヨーロッパのお茶で作られている。
3 野菜からハーブティーは作れない。
4 お茶はお茶の木からしか作れない。

解説　第3段落の2文目に, Some people say that tea must be made from the tea plant to call it "tea," と書かれている。must be made from ～「～から作られなければならない」は,〈助動詞（must）＋ be ＋過去分詞〉という受動態。

(29) 解答 **1**

「ハーブティーは普通のお茶と何が違いますか」
1 それは薬として使われることがある。
2 それは1つの国でしか作られていない。
3 それにはさまざまな風味がある。
4 それは店で見つけることが難しくなってきている。

解説　第4段落は What is special about herbal tea? で始まり, ハーブティーが特別な理由が書かれている。その3文目の For example, Chinese herbal tea has been used as medicine. から, **1** が正解。**3** の It has many kinds of flavors. は, Like regular tea, there are many different flavors of herbal tea. からハーブティーに限らず普通のお茶にも言えることなので不正解。

(30) 解答 **3**

「この話は何に関するものですか」
1 ヨーロッパにおけるお茶の歴史。
2 お茶が人々をリラックスさせる方法。
3 お茶を楽しむいろいろな方法。
4 ハーブティーを楽しまない人々。

解説 第2段落のお茶を楽しむ many other ways 「他の多くの方法」や，第3～4段落の herbal tea に関する説明などから，**3**が正解。お茶の history「歴史」にも触れているが，ヨーロッパに限った話ではないので**1**は不正解。

4

問題文の訳

こんにちは，
Eメールをありがとう。
土曜日に家族と一緒に買い物に行ったんだってね。そのことについてもっと教えて。いくつのお店に行ったの？　それと，あなたは何を買ったの？
あなたの友達，
スージー

こんにちは，スージー！
Eメールをありがとう。
[解答欄に記入しなさい。]
それでは，

解答例

Yes, we went to a shopping mall near the station. We went to three stores there. I bought a pair of shoes.

解答例の訳

そう，私たちは駅の近くにあるショッピングセンターへ行ったの。そこで，3つのお店に入ったわ。私は靴を1足買ったの。

解説 ［1］Eメールの話題と2つの質問内容を正確に把握する。

話題：あなたが土曜日に家族と行った買い物
質問内容：① いくつの店に行ったか。② 何を買ったか。
［2］2つの質問に対する自分の答えを考える。

① How many stores did you go to?
　家族と買い物に行ったという設定なので，主語はIではなく We を使い，We went to ～ の形で書く。質問の How many ～？は数を尋ねる表現なので，この後に自分たちが行った店の数を three stores のように続ける。

② And what did you buy?
　買い物に行って自分が買った品物を，I bought ～ の形で書く。buyの過去形boughtの綴りに注意しよう。解答例のa pair of shoes「1足の靴」のほかに，a jacket「上着」，some books「数冊の本」，a pencil case「筆箱」のような解答も考えられる。
［3］返信メールの構成を考えて解答を書く。

　語数の目安は15語～25語なので，［2］の答えを中心としつつ，他の情報を加えながら全体をどのような構成にするかを考える。解答例は，次の構成になっている。

1文目：駅の近くのショッピングセンターへ行った。→2文目：そこ（ショッピングセンター）で3つの店に入った。→3文目：靴を1足買った。

□go shopping「買い物［ショッピング］に行く」　　□a pair of ～「1組の～」
□shopping mall「ショッピングセンター」

5

質問の訳

動物園に行くのと美術館に行くのとでは，あなたはどちらが好きですか。

解答例①

I like going to a zoo better. I have two reasons. First, animals are fun to watch. Second, you can see many animals that you usually do not see in your daily life. (33語)

解答例①の訳

私は動物園に行く方が好きです。2つの理由があります。第1に，動物は見ていて楽しいです。第2に，日常生活では普段見られない多くの動物を見ることができます。

解説　解答例の構成は，次のようになっている。

【自分の考え】動物園に行く方が好きだ→（理由が2つあることを明示）→【理由1】動物は見ていて楽しい→【理由2】普段は見られない多くの動物を見ることができる

　自分の考えは，QUESTIONの表現を使って I like going to a zoo better. とする。I have two reasons. と理由が2つあることを述べてから，First, ～（1つ目の理由）. Second, ～（2つ目の理由）の形で具体的に説明する。

■この語句をチェックしよう
□fun「楽しみ」　　　　　　　　　　　　□daily life「日常生活」
□usually「普段」

解答例②

I like going to an art museum better because it is interesting to see paintings by famous artists. Also, it is very quiet there, and I can relax. (28語)

解答例②の訳

有名な芸術家が描いた絵画を見るのは興味深いので，私は美術館に行く方が好きです。また，そこはとても静かでリラックスできます。

解説　解答例の構成は，次のようになっている。

【自分の考え＋理由1】美術館に行く方が好きだ＋有名な芸術家が描いた絵画を見るのは興味深い→【理由2】美術館はとても静かでリラックスできる

　自分の考えは，QUESTIONの表現を使って，I like going to an art museum better とし，続けて because ～以下で1つ目の理由を述べる。2つ目の理由は，Also, ～「また，～」で始める。

■この語句をチェックしよう
□painting(s)「絵画」　　　　　　　　　□quiet「静かな」
□artist(s)「芸術家，画家」　　　　　　□relax「リラックスする」

Day
2

リスニングテスト
解答と解説

問題編 p.43〜48

リスニング

第1部	問題	1	2	3	4	5	6	7	8	9	10
	解答	2	2	1	2	3	1	2	1	2	3

第2部	問題	11	12	13	14	15	16	17	18	19	20
	解答	2	4	1	4	1	3	3	2	4	4

第3部	問題	21	22	23	24	25	26	27	28	29	30
	解答	2	2	3	3	1	4	1	3	1	4

第1部 🔊 034〜044

No. 1 解答 **2**

☆：How was the volleyball game last Sunday, Mark?
★：It was really exciting.
☆：Which team won?
1 They are sure to win.
2 Our team did.
3 OK, I'll do that.

☆：先週の日曜日のバレーボールの試合はどうだったの，マーク？
★：すごく興奮する試合だったよ。
☆：どっちのチームが勝ったの？
1 彼らはきっと勝つよ。
2 ぼくたちのチームだよ。
3 わかった，そうするよ。

解説 won は win「勝つ」の過去形。Which team won? の問いかけに対し，〜 did.（＝ won）の形で「〜が勝った」ことを伝えている**2**が正解。

No. 2 解答 **2**

★：What are your plans for this afternoon?
☆：I don't have any plans.
★：Then, let's go to the library.
1 You're welcome.
2 Sounds good.
3 Thank you for coming.

★：今日の午後はどういう予定なの？
☆：何も予定がないわ。
★：それじゃあ，図書館に行こうよ。
1 どういたしまして。
2 いいわね。
3 来てくれてありがとう。

解説 Let's 〜（動詞の原形）は相手に提案する表現。これに対して同意する場合には, (That) Sounds good[great/nice].「（それは）いいですね」がよく使われる。

No. 3　解答　1

★：Hello, may I speak to Jane?	★：もしもし，ジェーンをお願いしたいのですが。
☆：I'm sorry, but she's out now.	☆：すみませんが，今外出しています。
★：Do you know when she'll be back?	★：いつ戻られるかわかりますか。
1 No, I'm not sure.	**1** いいえ，わかりません。
2 I'm just looking.	**2** 見ているだけです。
3 The line is busy.	**3** 話し中です。

解説　電話での会話で，May I speak to 〜? は自分が話したい相手を伝える表現。男の子はジェーンがいつ戻るかをたずねているので，I'm not sure「わからない」と答えている**1**が正解。**3**の The line is busy. は「話し中です」という意味。

No. 4　解答　2

★：May I help you?	★：ご注文をお伺いしましょうか。
☆：Yes. I'd like a glass of juice.	☆：はい。ジュースを1杯ください。
★：What kind would you like?	★：どの種類になさいますか。
1 No, thank you.	**1** いいえ，結構です。
2 Orange, please.	**2** オレンジをお願いします。
3 I'd like a hot dog.	**3** ホットドッグが欲しいです。

解説　What kind 〜? で「種類」をたずねている。ここでは juice「ジュース」の種類をたずねているので，Orange「オレンジ」と答えている**2**が正解。**3**の hot dog は食べ物の種類なので不正解。

No. 5　解答　3

★：Mom, I need a new T-shirt.	★：お母さん，新しいTシャツが必要なんだ。
☆：Why? You already have a lot.	☆：どうして？　すでにたくさん持っているじゃない。
★：I know, but I need a black one for our school play.	★：そうだけど，学校の劇で黒いのが必要なんだ。
1 Right. I wore it at home.	**1** そうよ。私はそれを家で着たわ。
2 Wow. I've never used it.	**2** うわー。私はそれを使ったことがないわ。
3 OK. Let's get one tomorrow.	**3** わかったわ。明日買いに行きましょう。

解説　男の子の I need a black one ... の one は T-shirt「Tシャツ」のこと。school play「学校の劇」で黒いTシャツが必要だという発話に対する応答になっているのは**3**で，get one は get a black T-shirt ということ。

No. 6　解答　1

☆：I have a question, Mr. Taylor.	☆：質問があります，テイラー先生。
★：Yes, what is it?	★：はい，何ですか。
☆：What do I need to study for the test?	☆：テストには何を勉強すればいいですか。
1 Pages 10 to 20.	**1** 10ページから20ページだよ。
2 That's too much.	**2** それは多すぎるよ。
3 On Friday.	**3** 金曜日にね。

解説　need to ～は「～する必要がある」で，女の子はテストに向けて何を勉強すればいいかたずねている。Pages ～ to ...「～ページから…ページまで」と具体的に勉強する範囲を答えている **1** が正解。

No. 7　解答　2

★：How many times have you been to Kyoto?	★：京都へは何回行ったことがあるの？
☆：Just twice.	☆：2回だけよ。
★：When was the last time you went there?	★：最後にそこへ行ったのはいつ？
1 I'd like to go there.	**1** そこへ行きたいわ。
2 Three years ago.	**2** 3年前よ。
3 That's all.	**3** それだけよ。

解説　質問はWhenで始まっていて，the last time you went there「そこ（京都）へ行った最後の時」がいつかをたずねている。～ ago「（今から）～前に」を使って答えている **2** が正解。

No. 8　解答　1

★：Have you read that book yet?	★：その本はもう読んだ？
☆：Yes. It was really interesting. You should read it.	☆：うん。とてもおもしろかったよ。あなたも読んだ方がいいよ。
★：May I borrow it?	★：それを借りてもいい？
1 Sure, no problem.	**1** いいよ，もちろん。
2 Never mind.	**2** 気にしないで。
3 Yes, I can.	**3** うん，できるよ。

解説　May I ～? 「～してもいいですか」は許可を求める表現で，borrowは「～を借りる」という意味。book「本」を借りたいという依頼に対してSureと言って了承している **1** が正解。no problemは「もちろん（＝いいですよ）」という意味。

No. 9　解答　2

☆：May I see your passport, please?	☆：パスポートを見せていただけますか。
★：Here you are.	★：はい，どうぞ。
☆：Thank you. How long will you be staying in the U.S.?	☆：ありがとうございます。アメリカにどのくらい滞在する予定ですか。
1 I hope so.	**1** そうだといいのですが。
2 One week.	**2** 1週間です。
3 I'm going to go later.	**3** ぼくは後で行きます。

解説　How long ～?は「どれくらいの期間～」という意味で，ここではthe U.S.「アメリカ合衆国」での滞在期間をたずねている。具体的な期間を答えている**2**が正解。Here you are.「はい，どうぞ」は，相手に何かを渡すときに使う表現。

No. 10　解答　3

★：How did you enjoy the concert last night?	★：昨夜のコンサートはどうだった？
☆：It was the best one I've ever been to.	☆：今まで行った中で最高のコンサートだったわ。
★：Great. Did John go with you?	★：よかったね。ジョンも一緒に行ったの？
1 He plays the guitar.	**1** 彼はギターを弾くわ。
2 No, I don't want to.	**2** いいえ，そうしたくないわ。
3 No, he was sick.	**3** いいえ，彼は具合が悪かったの。

解説　Did John go with you?はジョンも一緒にconcert「コンサート」へ行ったかどうかをたずねている質問。これに対して，he was sick「具合が悪かった」と理由も含めて応答している**3**が正解。

第2部　🔊 045～055

No. 11　解答　2

★：Are you visiting Australia again this summer?	★：今年の夏にまたオーストラリアへ行くの？
☆：No, I'm going to Spain. Where are you going, Tom?	☆：いいえ，スペインに行くつもりよ。あなたはどこへ行くの，トム？
★：I'm traveling to Korea and China.	★：ぼくは韓国と中国に旅行に行くよ。
☆：Sounds fun.	☆：楽しそうね。
Question：Which country will the woman visit this summer?	**質問**：女性は今年の夏にどの国を訪れますか。

1 オーストラリア。　　　　　　　　**2** スペイン。
3 韓国。　　　　　　　　　　　　　**4** 中国。

解説　質問で女性の行き先が問われていることに注意する。Are you visiting Australia again this summer?に女性はNoと答えているので，**1**は不正解。その後のI'm going to Spainから**2**が正解。**3**のKoreaと**4**のChinaはトムが今年の夏に旅行する国。

Day 3

No. 12　解答　**4**

★：Is this your computer, Lisa?	★：これは君のコンピューターなの, リサ？
☆：No, mine is broken. This one is my brother's.	☆：ううん, 私の<ruby>私<rt>わたし</rt></ruby>のは<ruby>壊<rt>こわ</rt></ruby>れているの。これは<ruby>私<rt>わたし</rt></ruby>の兄[弟]のものよ。
★：Are you going to get a new one?	★：新しいのを買うつもり？
☆：Yes, my father promised to buy one for me.	☆：ええ, 父が私に買ってくれると約束したの。
Question：Whose computer is Lisa using now?	**質問**<rt>しつもん</rt>：リサは今, 誰<rt>だれ</rt>のコンピューターを使っていますか。

1 <ruby>彼女<rt>かのじょ</rt></ruby>自身の（コンピューター）。
2 <ruby>彼女<rt>かのじょ</rt></ruby>の父親の（コンピューター）。
3 <ruby>彼女<rt>かのじょ</rt></ruby>の母親の（コンピューター）。
4 <ruby>彼女<rt>かのじょ</rt></ruby>の兄[弟]の（コンピューター）。

解説　Is this your computer, Lisa?にリサはNoと答えているので, **1**は<ruby>不正解<rt>ふせいかい</rt></ruby>。This one is my brother's.から, **4**が正解。my brother's「<ruby>私<rt>わたし</rt></ruby>の兄[弟]のもの」はmy brother's computerということ。

No. 13　解答　**1**

★：Hello. I'd like to buy some flowers, but I don't know which flowers to choose.	★：こんにちは。花を買いたいのですが, どの花を選んだらいいかわからないんです。
☆：Who are they for?	☆：どなたのためのものですか。
★：I'm going to give them to my mother for Mother's Day.	★：母に母の日にあげようと思っています。
☆：Well, these pink roses are the most popular.	☆：それでは, このピンクのバラがいちばん人気がありますよ。
Question：What is the boy's problem?	**質問**<rt>しつもん</rt>：男の子の問題は何ですか。

1 <ruby>彼<rt>かれ</rt></ruby>はどの花を買えばよいか決められない。
2 <ruby>彼<rt>かれ</rt></ruby>は花屋を見つけることができない。
3 <ruby>彼<rt>かれ</rt></ruby>は母の日がいつなのかを知らない。
4 <ruby>彼<rt>かれ</rt></ruby>は十分なお金を持っていない。

解説　I don't know which flowers to chooseが男の子のproblem「問題, <ruby>困<rt>こま</rt></ruby>っていること」。〈which＋<ruby>名詞<rt>めいし</rt></ruby>＋to ～〉で「どの…を～すべきか」という意味。これをcan't decide「～を決められない」を使って言い換えた**1**が<ruby>正解<rt>せいかい</rt></ruby>。

34

No. 14 解答 4

☆：Excuse me. Can I walk to Green Park from here in fifteen minutes?

★：I'm afraid it takes about thirty minutes.

☆：That's too far. I'm in a hurry.

★：You should take the subway. It's only five minutes away.

Question：How long does it take to walk to Green Park?

☆：すみません。ここからグリーン公園まで15分で歩いていけますか。

★：30分くらいかかると思います。

☆：それは遠すぎるわ。急いでいるんです。

★：地下鉄に乗るといいですよ。公園までたった5分です。

質問：グリーン公園へは歩いてどれくらいの時間がかかりますか。

1 約5分。   **2** 約10分。

3 約15分。   **4** 約30分。

解説 女性の Can I walk to Green Park ...? に，男性は it takes about thirty minutes と答えている。ここでの take(s) は「（時間）がかかる」という意味。subway「地下鉄」に乗った場合の five minutes と混同しないように注意する。

No. 15 解答 1

★：Hello. It's me.

☆：Hi, Bill. What's the matter?

★：I left my wallet at home. Could you bring it to my office?

☆：All right. I'll be there before lunchtime.

Question：What does the man want the woman to do?

★：もしもし。ぼくだよ。

☆：あら，ビル。どうしたの？

★：家に財布を忘れちゃったんだ。オフィスまで持ってきてもらえる？

☆：わかったわ。昼食時までに行くわ。

質問：男性は女性に何をしてほしいのですか。

1 彼の財布を持ってくる。

2 彼のカバンを探す。

3 彼と昼食を食べる。

4 オフィスに彼を車で迎えに行く。

解説 男性は I left my wallet at home.「家に財布を忘れた」ので，Could you bring it to my office? と頼んでいる。Could you 〜? は「〜してくれませんか」と依頼する表現。質問の〈want + 人 + to 〜〉は「（人）に〜してほしい」という意味。

Day **3**

No. 16 解答 **3**

☆：Are you ready to order, sir?

★：Yes. Could I have a medium hamburger with fries?

☆：Would you like a drink or dessert with that?

★：Just a glass of water, please.

Question：What is the man doing?

☆：ご注文はお決まりですか，お客様？

★：はい。ミディアムのハンバーガーにフライドポテトを付けていただけますか。

☆：お飲み物かデザートを一緒にいかがですか。

★：お水を1杯だけお願いします。

質問：男性は何をしていますか。

1 デザートを食べている。　　　　**2** 昼食を作っている。

3 食事を注文している。　　　　**4** 水を飲んでいる。

解説　レストランでの店員（女性）と客（男性）の会話。注文を聞く Are you ready to order ...? に対して，客が Could I have ～?「～をいただけますか」と言っていることなどから **3** が正解。meal は「食事」という意味。

No. 17 解答 **3**

★：I'm afraid I have to leave now, Mary.

☆：Why? I thought you could stay until late, George.

★：Sorry, I have a math test tomorrow, and I haven't studied for it yet.

☆：Oh! Then, good luck to you!

Question：Why can't George stay longer?

★：残念だけどもう行かないといけないんだ，メアリー。

☆：どうして？　あなたは遅くまでいられると思ったわ，ジョージ。

★：ごめん，明日数学のテストがあるんだけど，まだその勉強をしていないんだ。

☆：まあ！　それじゃあ，がんばってね！

質問：ジョージはなぜもっと長くいることができないのですか。

1 彼は夕食に遅れる。

2 彼は家でテレビを見たい。

3 彼はテスト勉強をしなければならない。

4 彼は友達に電話しなければならない。

解説　質問の Why can't ～? は「なぜ～できないのですか」という意味。ジョージが長くいられない理由は Sorry, ... 以下で述べられている。ジョージは明日の数学のテストについて，I haven't studied for it yet と言っているので，has to study「勉強をしなければならない」ということがわかる。

No. 18　解答　2

☆：John, can you help me wash the dishes?

★：OK, Mom.　But I want to finish writing this e-mail first.

☆：How long will it take?

★：Just give me ten minutes.　I'll be there soon.

Question：What does John want to do first?

☆：ジョン，お皿を洗うのを手伝ってくれる？

★：いいよ，お母さん。でも先にこのEメールを書き終えたいんだ。

☆：どのくらいかかるの？

★：10分だけ待って。すぐ行くから。

質問：ジョンは最初に何をしたがっていますか。

1 母親を手伝う。　　　　　　　　　　　　**2** Eメールを終える。
3 彼の部屋を掃除する。　　　　　　　　　**4** 宿題をする。

解説　母親に wash the dishes「皿を洗う」ことを頼まれたジョンは OK と了承するが，But I want to finish writing this e-mail first. とつけ加えている。つまり，皿洗いの前にEメールを書き終えたいということなので，**2** が正解。

No. 19　解答　4

☆：Have you decided your plans for this weekend?

★：I'm going to visit my cousin in Boston.

☆：Really?　Are you going to watch a baseball game there?

★：Of course.　I already have the tickets.

Question：What are they talking about?

☆：今週末の予定は決まった？

★：ボストンのいとこを訪ねるつもりだよ。

☆：本当？そこでは野球の試合を見るの？

★：もちろんさ。もうチケットを持っているよ。

質問：彼らは何について話していますか。

1 有名な野球選手。　　　　　　　　　　　**2** 野球のチケットを手に入れる方法。
3 男性のお気に入りのバンド。　　　　　　**4** 男性の週末の予定。

解説　女性の Have you decided your plans for this weekend? という質問から始まっていて，これ以降，男性の plans for this weekend「今週末の予定」についての話なので，**4** が正解。

No. 20　解答　4

☆：Excuse me.　I think I left my bag in this library.

★：What does your bag look like?

☆：It's red, and there's a small notebook in it.

★：OK.　I'll ask the staff.　They might know about it.

Question：What does the woman want to do?

☆：すみません。この図書館にカバンを置き忘れたと思うのですが。

★：どのようなカバンですか。

☆：赤くて，中に小さなノートが入っています。

★：わかりました。スタッフに聞いてみます。それについて知っているかもしれません。

質問：女性は何をしたいのですか。

1 仕事を得る。　　　　　　　　　　　　　**2** カバンを交換する。
3 ノートを買う。　　　　　　　　　　　　**4** カバンを見つける。

解説　女性の I think I left my bag in this library. から，図書館にカバンを置き忘れたということと，その後の It's red, and ... とカバンの特徴を述べていることから，彼女がカバンを探している状況だとわかる。男性の I'll ask the staff. という流れもヒント。

Day 3

No. 21　解答　2

Last weekend, I went to see a movie with Paul. After the movie, he said he wanted to have dinner at a French restaurant.　I wasn't hungry then, so I told him that I wanted to go to a café.
Question：What did the woman want to do?

先週末，私はポールと映画を見に行った。映画の後，彼はフランス料理のレストランで夕食を食べたいと言った。私はそのときお腹がすいていなかったので，自分はカフェに行きたいと彼に言った。
質問：女性は何をしたかったのですか。

1 フランス料理を食べる。
2 カフェに行く。
3 もう1つ映画を見る。
4 車で彼の家に行く。

解説　最後のI told him that I wanted to go to a caféから，**2**が正解。wanted to have dinner at a French restaurant「フランス料理のレストランで夕食を食べたかった」のはポールなので，**1**を選ばないように注意する。

No. 22　解答　2

Jane was going to meet Tom last night.　But she forgot, because she was busy with her homework. Tom waited for her for hours, so he got angry. Jane called Tom and said she was very sorry.
Question：Why was Tom angry with Jane?

ジェーンは昨夜トムに会う予定だった。でも彼女は宿題で忙しかったので，（約束を）忘れてしまった。トムは何時間も彼女を待ったので，怒った。ジェーンはトムに電話をして，とても申し訳ないと言った。
質問：なぜトムはジェーンに腹を立てたのですか。

1 彼女は彼の宿題をなくした。
2 彼女は彼に会うのを忘れた。
3 彼女は謝らなかった。
4 彼女は彼を待たなかった。

解説　so he got angryのso「だから」は，Tom waited for her for hoursを指している。トムがジェーンを何時間も待つ結果になったのはshe forgot「彼女は忘れていた」からで，忘れていた内容は1文目のJane was going to meet Tom last night.「昨夜トムに会うこと」。

No. 23 　解答　3

Kenta goes to school by bike every morning. On rainy days, he usually goes by bus. Yesterday, it was raining, and his mother was going to the supermarket by car, so he asked her for a ride.

Question：How did Kenta get to school yesterday?

ケンタは毎朝自転車で学校へ行く。雨の日は，彼はたいていバスで行く。昨日は雨が降っていて，母親が車でスーパーマーケットへ行くところだったので，彼は母親の車に乗せていってもらえるように頼んだ。

質問：ケンタは昨日，どうやって学校に行きましたか。

1 バスで。　　　　　　　　　　**2** 自転車で。
3 車で。　　　　　　　　　　　**4** 徒歩で。

解説　質問はHowで始まり，昨日の学校までの交通手段をたずねている。Yesterday, ... and his mother was going to the supermarket by car, so he asked her for a ride.の理解がポイント。ask ～ for a rideは「（人）に車に乗せてもらえるように頼む」という意味で，ここではsupermarket「スーパー」へ車で向かう母親に学校まで乗せてもらったということ。

No. 24 　解答　3

Alice left her umbrella at a coffee shop. It wasn't raining, so she remembered it only after she got home. She called the coffee shop and asked them to hold it. She went there to get it after work the next day.

Question：Where did Alice leave her umbrella?

アリスは喫茶店に傘を置き忘れてしまった。雨が降っていなかったので，帰宅して初めてそのことを思い出した。彼女は喫茶店に電話して，傘を取っておいてもらうように頼んだ。次の日の仕事の後に，彼女は傘を取りにそこへ行った。

質問：アリスはどこに傘を置き忘れましたか。

1 家に。　　　　　　　　　　　**2** ホテルに。
3 喫茶店に。　　　　　　　　　**4** オフィスに。

解説　最初のAlice left her umbrella at a coffee shop.から，**3**が正解。leftはleave「～を置き忘れる」の過去形。She went there to get itのthereはto the coffee shop，itはher umbrellaを指している。

No. 25 　解答　1

Attention, please. This is an important announcement. The elevator in our building has stopped working. A member of our staff is checking it now. Until we know it is safe to use, please take the stairs. Thank you.

Question：What is the problem?

お知らせします。これは重要なアナウンスです。当館のエレベーターが停止しました。現在，従業員の1人が確認を行っています。使用の安全が確認されるまで，階段をご利用ください。ご協力ありがとうございます。

質問：問題は何ですか。

1 エレベーターが使えない。　　　**2** 建物が閉鎖されている。
3 エレベーターがない。　　　　　**4** 階段が濡れている。

解説　Attention, please.で始まる館内放送。The elevator in our building has stopped working.でproblem「問題」が説明されている。放送文のhas stopped working「停止した（している）」が，正解の**1**ではcannot be used「使えない」と言い換えられていることに注意する。untilは「～まで」，stairsは「階段」という意味。

No. 26　解答　4

When Jack got up this morning, it was already 7:30. His class starts at 8:30, and it takes about 50 minutes to get to school. He left home at 7:40, so he didn't have time to eat breakfast.

Question：What time does Jack's class start?

今朝ジャックが起きたとき，すでに7時半だった。授業は8時半に始まり，学校に着くまで50分ほどかかる。彼は7時40分に家を出たので，朝食をとる時間がなかった。

質問：ジャックの授業は何時に始まりますか。

1 7時半に。
2 7時40分に。
3 7時50分に。
4 8時半に。

解説　時刻が3つ出てくるので，それぞれ何の時刻かを整理しながら聞き取ろう。7:30（seven-thirty）はジャックが今朝起きた時間，8:30（eight-thirty）は授業が始まる時間，7:40（seven-forty）はジャックが家を出た時間。

No. 27　解答　1

I need to study for some tests next week. I have math and English tests on Tuesday and Japanese and science tests on Wednesday. Because I'm not good at math, I'll start studying it first.

Question：Which subject will the girl study first?

私は来週のテストのために勉強しないといけない。火曜日には数学と英語のテストが，水曜日には国語（日本語）と理科のテストがある。私は数学が得意ではないので，最初にそれを勉強し始めるつもりだ。

質問：女の子は最初にどの教科を勉強しますか。

1 数学。
2 英語。
3 国語（日本語）。
4 理科。

解説　質問のsubjectは「教科」という意味で，女の子がどの教科から勉強し始めるかたずねている。最後のI'll start studying it firstのitは，この直前にあるmath「数学」を指しているので正解は**1**。

No. 28　解答　3

I usually take my dog for a walk before breakfast. But yesterday, it was raining hard in the morning. I didn't want my dog to get wet, so we went outside in the evening after dinner.

Question：When did the boy take his dog for a walk yesterday?

ぼくは普段，朝食前に犬を散歩に連れていく。でも昨日は，朝に雨が強く降っていた。ぼくは犬を濡らしたくなかったので，ぼくたちは夕食後の夕方に出かけた。

質問：男の子は昨日，いつ犬を散歩に連れていきましたか。

1 午前中に。
2 午後に。
3 夕方に。
4 夜遅くに。

解説　I didn't want my dog to get wet, so we went outside in the evening after dinner. に正解が含まれている。**1**のIn the morning.は，普段犬を散歩に連れていくタイミングで，昨日の朝は雨が強く降っていたので予定を変更している。take ～ for a walkは「～を散歩に連れていく」，get wetは「濡れる」という意味。

40

No. 29 解答 1

Emily was born in New York. She lived there until she finished high school. After that, she came to Japan with her family because of her father's job. Now, she is studying at a Japanese college to become a teacher.

Question：What happened to Emily after high school?

エミリーはニューヨークで生まれた。彼女は高校を卒業するまでそこに住んでいた。その後，父の仕事の関係で，彼女は家族と一緒に日本へ来た。現在，彼女は教師になるために日本の大学で勉強している。

質問：高校卒業後，エミリーに何が起こりましたか。

1 彼女は家族と一緒に日本へ引っ越した。
2 彼女は勉強するためにニューヨークへ行った。
3 彼女は父親と一緒に働き始めた。
4 彼女は日本語の教師になった。

解説 She lived there until she finished high school. に続いて，After that, she came to Japan with her family と説明されている。After that「その後」は高校を卒業後ということ。move to 〜は「〜に引っ越す」という意味。

No. 30 解答 4

Mark likes reading books and often goes to the library to borrow books. Every day, when he gets home from school, he starts reading them. He does his homework after dinner.

Question：What does Mark do first after he gets home every day?

マークは読書が好きで，よく本を借りに図書館へ行く。毎日，学校から帰ると，彼は本を読み始める。彼は夕食の後，宿題をする。

質問：マークは毎日帰宅後，最初に何をしますか。

1 彼は宿題をする。
2 彼は物語を書く。
3 彼は夕食を食べる。
4 彼は本を読む。

解説 Every day, when he gets home from school, he starts reading them. から **4** が正解。them は図書館で借りた本のこと。宿題については He does his homework after dinner. とあるので **1** は不正解。

筆記試験
解答と解説

問題編 p.52～61

筆記

1

問題	1	2	3	4	5	6	7	8	9	10	11	12	13	14	15
解答	2	3	3	1	4	3	1	4	1	2	1	3	4	2	4

2

問題	16	17	18	19	20
解答	4	2	3	3	2

3

			A		B			C		
問題	21	22	23	24	25	26	27	28	29	30
解答	1	3	2	4	1	2	1	4	3	3

4　**5**　解説内にある解答例を参照してください。

1

(1) 解答 **2**
A「この物語を誰が書いたか覚えてる？」
B「わからないなあ。ヘンリックだったかもしれない」
解説　空所後のwho wrote this story「誰がこの物語を書いたか」とのつながりと，BのMaybe ～「たぶん～」という応答から，remember「～を覚えている」が正解。**1** invite「～を招待する」，**3** visit「～を訪れる」，**4** answer「～に答える」。

(2) 解答 **3**
「マイケルは今日スピーチをするので緊張している。彼がそんなに多くの人の前で話すのはこれが初めてだ」
解説　Michael is feeing（　）の理由がhe is going to give a speech todayで，さらに2文目の初めて多くの人の前で話すという状況から，nervous「緊張した」が正解。give a speechは「スピーチをする」，in front of ～は「～の前で」。**1** bright「明るい」，**2** dangerous「危険な」，**4** clever「賢い」。

(3) 解答 **3**
A「なんていい考えなの，ジェシカ！　大賛成よ」
B「それを聞いてうれしいわ」
解説　Aがジェシカのidea「考え」について話していることと，空所後にwithがあることから，agree with ～「～に賛成する」とする。**1** mix「～を混ぜる」，**2** win「～に勝つ」，**4** understand「～を理解する」。

(4) 解答 **1**
A「すみません，国立博物館はどこですか」
B「この通りに沿って真っすぐ行けば，右手に見えます」
解説　空所後のthis street「この通り」につながるのはalong「～に沿って」。go straightは「真っすぐ行く」，on your rightは「（向かって）右側に」という意味。**2** above「～の上に」，**3** during「～の間」，**4** over「～の上に」。

(5) 解答 **4**
A「私がどこに辞書を置いたか知ってる？」
B「君は少し前にカバンの中に入れていたと思っ

たけど」

解説 Aのwhereやどの you put it in your bag earlierから，Aがmy dictionary「私の辞書」を探している場面だとわかる。正解のleftはleave「〜を置き忘れる，置いて立ち去る」の過去形。**1**はbring「〜を持ってくる」，**2**はturn「〜を回す」，**3**はspend「〜を使う」の過去形。

(6) 　**解答** 　**3**

「その通りはとても込み合っていたので，自転車をとめるスペースがなかった」

解説 so 〜 that ... は「とても〜なので…」，crowdedは「混雑して」の意味。to park bikes「自転車をとめる」が直前の空所を修飾する構造で，space「(空いている)場所，スペース」が正解。**1** horizon「地平線，水平線」，**2** life「人生」，**4** air「空気」。

(7) 　**解答** 　**1**

「すでに暗かったが，彼らは村に向かって歩き続けた」

解説 It was already dark, but 〜「すでに暗かったが〜」の流れと，walkingとのつながりから判断する。continue 〜ing で「〜し続ける」の意味。**2**はshare「〜を共有する」，**3**はinvent「〜を発明する」，**4**はtaste「〜の味を見る」の過去形。

(8) 　**解答** 　**4**

A「ぼくは来週，スピーチコンテストに参加するんだ」
B「がんばってね！」

解説 空所後のpart inに注目して，take part in 〜 (＝join)「〜に参加する」という表現にする。**1** get「〜を手に入れる」，**2** make「〜を作る」，**3** have「〜を持っている」。

(9) 　**解答** 　**1**

「紙1枚にあなたの名前，住所，電話番号を書いてください」

解説 paper「紙」はa piece〔two pieces〕of 〜「1枚〔2枚〕の〜」のように数える。**2** pair「1対」，**3** head「頭」，**4** glass「ガラス」。

(10) 　**解答** 　**2**

「私たちがレストランで食事をしていると，1人の男性がテーブルにやって来て，自分が料理長であると自己紹介をした」

解説 空所後のhimself「彼自身を」に注目する。introduce *oneself* で「自己紹介をする」という意味。main chefは「料理長」。**1**はinvite「〜を招待する」，**3**はask「〜をたずねる，頼む」，**4**はserve「〜に仕える」の過去形。

(11) 　**解答** 　**1**

「ジュリアはこの前の日曜日，ボランティアとして働いた。彼女は外国から来た人たちに市内を案内した」

解説 showedはshowの過去形で，〈show＋人＋around 〜〉で「(人)に〜を案内する」。volunteerは「ボランティア」，other countriesは「外国」という意味。**2** behind「〜の後ろに」，**3** against「〜に反対して」，**4** without「〜なしで」。

(12) 　**解答** 　**3**

A「どうしたの？　あまり具合がよくなさそうね」
B「大丈夫。疲れているだけなんだ」

解説 空所前のWhat'sのとつながるのはmatterで，What's the matter?「どうしたの？」は相手の具合を心配するときの表現。**1** mind「心」，**2** hospital「病院」，**4** message「メッセージ」。

(13) 　**解答** 　**4**

「人々にとって毎日朝食を食べることは健康でいるために重要だ」

解説 〈It is 〜 for＋人＋to ...〉は「(人)にとって…することは〜だ」という意味の構文。to eat breakfast every day「毎日朝食を食べること」が意味上の主語になっている。to stayは「〜のままでいるために」と目的を表す不定詞。

(14) 　**解答** 　**2**

A「ドイツへ行ったことがある，ジェーン？」
B「ええ，昨年の夏に行ったわ」

解説 Have you ever 〜の形から，現在完了の問題であることを理解する。ここでは〈Have〔has〕＋主語＋ever been to 〜?〉で「〜へ行ったこと

がありますか」という意味で，経験を表す現在完了の疑問文にする。

(15) 解答 **4**

「旅行者たちはその巨大な岩に描かれた絵を見て驚いた」

解説 the picture を後ろから（　）on the huge rock「巨大な岩に～」が修飾する形にするためには，draw「～を描く」の過去分詞 drawn「描かれた」を使う。**2**の drew は過去形。

2

(16) 解答 **4**

男性「うわあ！　このチョコレートケーキはおいしそうだね。食べてもいい？」
女性「もちろん。自由に食べてね」
1 今はそれを食べちゃだめよ。
2 それはあなたのものではないわ。
3 あなたは料理が上手ね。
4 自由に食べてね。

解説 Can I have some? は chocolate cake「チョコレートケーキ」を食べていいかどうかをたずねた質問。女性は Of course.「もちろん」と答えているので，これにつながるのは Please help yourself.「自由に（自分で取って）食べてください」。

(17) 解答 **2**

女の子「あまり楽しそうじゃないね。どうしたの？」
男の子「ぼくのチームが野球の試合に負けたんだ」
1 どんな仕事をしているの？
2 どうしたの？
3 あなたはどう？
4 どうしてそう思うの？

解説 男の子の応答から，don't look very happy「あまり楽しそうではない」様子を心配して「どうしたの，何かあったの？」とたずねる What's wrong? が正解。lost は lose「～に負ける」の過去形。

(18) 解答 **3**

生徒1「グリーン先生は来月母国に帰るんだね」
生徒2「ええ，そのことを聞いたわ。先生に何かすてきなものをあげましょうよ」
生徒1「それはいい考えだね」
1 そのことを知らなかったの？

2 お願いを聞いてくれる？
3 先生に何かすてきなものをあげましょうよ。
4 あなたに手紙を書くわ。

解説 生徒2の heard は hear「～を聞く」の過去形で，that はグリーン先生が来月母国に帰ることを指している。最後の a good idea「いい考え」につながるのは**3**で，something nice は「何かすてきなもの」という意味。

(19) 解答 **3**

男の子「これは誰の自転車？　かっこいいな」
女の子「マイクが先週末に新しい自転車を買ったと言っていたから，マイクのだと思うわ」
1 それは大きすぎるわ
2 昨日より暖かいわ
3 それはマイクのだと思うわ
4 マイクがそれを見つけたわ

解説 Whose は「誰の」という意味なので，Mike's（＝Mike's bike）と言っている**3**が正解。because 以下で，それがマイクの自転車だと思う理由を説明している。a new one の one は bike のこと。

(20) 解答 **2**

女性「もしもし？　ジェーン・ブラウンと申します。ジョーンズさんとお話しできますか」
男性「申し訳ありませんが，今銀行へ行っています。伝言を承りましょうか」
女性「はい。彼に私から電話があったことをお伝えください」
1 銀行へはどうやって行きますか。
2 伝言を承りましょうか。
3 私を手伝っていただけませんか。
4 私をそこへ連れていってくれますか。

解説 Hello?「もしもし」や This is ～「こちら

は〜です」などから，電話でのやり取りだとわかる。最後の Yes. Please tell him ... から，女性は

男性に伝言を頼んでいることがわかる。正解**2**の take a message は「伝言を承る」という意味。

全訳

8月10日開催の神戸国際フェスティバルの ボランティア募集

このフェスティバルでは，世界中の人々が自分たちの文化を他の人たちと共有します。イベント中に来場者のお手伝いをしてくださるボランティアを20名募集しています。

ボランティアには次のことが求められます：
— 英語が話せること
— フェスティバルの前にミーティングに来ることができること

ボランティアには来場者を案内してもらいたいので，ボランティアがフェスティバルについて学ぶためのミーティングを行います。ミーティングは8月1日と8月8日です。

ボランティアの仕事にお金は支払われませんが，食事は無料になります。

ボランティアをしたい方は，7月25日までに smith@kobe.org のスミスまでご連絡いただくか，25-2693までお電話をください。

(21) 解答 **1**

「フェスティバルはなぜ開かれるのですか」

1 さまざまな文化を共有するため。
2 仕事の会議を開くため。
3 芸術作品を展示するため。
4 人々が仕事を見つけるのを手伝うため。

解説 掲示のタイトルのすぐ下に At this festival, people from around the world will share their culture with others. と書かれている。from around the world は「世界中からの」，share 〜 with ... は「〜を…と共有する」で，世界中から参加する人たちがそれぞれの culture「文化」を共有するということ。正解の**1**では share different cultures「さまざまな文化を共有する」と表現している。

(22) 解答 **3**

「ボランティアは来場者のために何をしますか」
1 彼らを国内ツアーに連れていく。
2 彼らに日本食を作る。
3 彼らにフェスティバルを案内する。
4 彼らに外国語を教える。

解説 ボランティアが来場者のためにすることは，We want our volunteers to show visitors around から判断できる。want 〜 to ... は「〜に…してもらいたい」，show 〜 around は「〜を案内する」という意味。

全訳

4月11日

フィッシャー先生,

お元気ですか。先生がシドニーに帰られてから，もう1年がたちました。先生がいなくなり，先生の英語の授業がなくて寂しいです。私の兄[弟]のマサルを覚えていますか。彼も先生がいなくて寂

しがっています。

　2月に，マサルと私は横浜の祖父母に会いに行きました。以前そこへ行ったときはマサルと私はとても小さかったので，あまり覚えていませんでした。祖父は私たちをたくさんのおもしろいところへ連れていってくれました。祖父が私たちを連れていってくれた場所の1つが中華街でした。私たちはラーメンとギョーザをレストランで食べました。とてもおいしかったです。中華街で大きなお茶屋さんも見つけました。先生は中国茶が好きと言っていたのを覚えていたので，先生に1パック買いました。この手紙と一緒に送ります。気に入っていただけるといいのですが。

　祖父母の家に滞在している間，私たちは世界のいろいろなところの写真をたくさん見ました。私の祖父はパイロットだったので，祖父はいろいろな国へ行きました。マサルは，これらの場所を見に行くことに興味を持つようになりました。彼はいつか祖父のようなパイロットになると心に決めました。それ以来，彼は夢をかなえるために一生懸命英語を勉強してきました。

　今年の夏，マサルと私は，交換留学生としてシドニーの学校へ行きます。マサルと私は外国に行ったことがないので，わくわくしています。シドニーには約1か月ほど滞在する予定なので，滞在中に先生に会えたらうれしいです！　近いうちにお返事を待っています。

敬具
ミカ

(23) 解答 2
「ミカは手紙と一緒に何を送りましたか」
1 マサルが書いた手紙。

2 中国茶。
3 彼女が横浜で撮った写真。
4 料理に関する本。

解説　sendは「〜を送る」という意味。第2段落の9文目にI'm sending it with this letter. とあり，itは8文目後半にあるa pack「1パック」を指している。また，a packとは，同じ8文目前半に出ているChinese tea「中国茶」の1パックのこと。

(24) 解答 4
「祖父のようなパイロットになるために，マサルは」
1 シドニーで仕事に就くことにした。
2 空港で働き始めた。
3 世界史についてたくさん学んできた。
4 英語を一生懸命勉強してきた。

解説　第3段落の最後に，He has studied English hard to make his dream come true since then. と書かれている。his dream「マサルの夢」とは，その前の文のHe decided to become a pilot like our grandfatherから読み取る。

(25) 解答 1
「なぜミカとマサルはわくわくしているのですか」
1 彼らは初めて外国に行く。
2 彼らはまたフィッシャー先生の英語の授業が受けられる。
3 フィッシャー先生がもうすぐ日本に戻ってくる。
4 彼らの祖父が中華街に連れていってくれる。

解説　第4段落の2文目に，Masaru and I have never been abroad, so we're excited. とある。soは「だから」の意味で，わくわくしている理由はその前の「マサルと私は外国へ行ったことがない」，つまり，2人とも初めて外国に行くことである。

3C

全訳

ジグソーパズル

　ジグソーパズルは全ての人が楽しめる。売られているほとんどのジグソーパズルは，10ピースから10,000ピースほどある。2011年に，その当時最大のパズルがベトナムの大学生たちによって作られた。そのパズルは約550,000ピースあった。それは完成すると，花の絵になった。学生たちはそれをスタジアムで披露し，たくさんの人々がパズルを見て喜んだ。

最初のジグソーパズルは，18世紀にジョン・スピルスベリーというイギリス人男性によって作られた。彼は，地図の製作者だった。ある日，スピルスベリーは地図を木につけて，その木をばらばらに切った。彼は木を切るときに糸のこぎり（ジグソー）を使ったので，彼はそのパズルを「ジグソーパズル」と名づけた。その後，ジグソーパズルはイギリスの子どもたちの間で人気になった。

20世紀まで，ほとんどのジグソーパズルは木でできていたので高価だった。今日では，ジグソーパズルはたいてい硬い紙でできていて，いろいろな大きさのものがある。葉書ぐらいの小さいものもあれば，広い部屋とほとんど同じくらい大きなものもある。また，必ずしも平面とは限らずいろいろな形のものがある。最近では，車や船のような物体になるパズルを手に入れることもできる。触ることのできないジグソーパズルすらある。それはインターネット上のものだ。マウスを使ってピースを動かし，絵を作る。

ジグソーパズルをすることは，今では世界中どこにでもある趣味だが，人々のこれらのパズルの楽しみ方はさまざまだ。ある国では，同じジグソーパズルを何度もするのが好きな人たちがいる。しかし，日本にはジグソーパズルを1度だけすることに興味がある人たちがいる。彼らはジグソーパズルを絵画のフレームに入れて，見て楽しむのである。

(26) 解答 **2**

「2011年にベトナムの大学生たちは何をしましたか」

1 彼らはスタジアムでショーを行った。
2 彼らは花のパズルを作成した。
3 彼らは花を売るイベントを開催した。
4 彼らは自分たちでパズルの会社を始めた。

解説　第1段落3文目に In 2011, the largest puzzle ... was made by university students in Vietnam. と書かれている。さらに，5文目に彼らが作ったパズルについて It became a picture of a flower when it was finished. と説明があり，It はベトナムの大学生たちが作った the largest puzzle を指すので正解は**2**。

(27) 解答 **1**

「誰が最初のジグソーパズルを作ったのですか」

1 地図を作っていた男性。
2 葉書を作っていた男性。
3 子どもたちを教えていた男性。
4 糸のこぎりを売っていた男性。

解説　第2段落に最初のジグソーパズルのことが書かれている。1文目でその作成者がイギリス人の John Spilsbury であること，2文目で Spilsbury が map maker「地図の製作者」であったことが説明されている。

(28) 解答 **4**

「初期のジグソーパズルは」

1 すぐに世界中で人気になった。
2 ピースがすべて同じだった。
3 安くて誰にでも買えた。
4 木でできていて，高価だった。

解説　The early jigsaw puzzles「初期のジグソーパズル」については，Until the 20th century「20世紀までは」で始まる第3段落の1文目に注目する。jigsaw puzzles were made of wood, so they were expensive から，**4**が正解。

(29) 解答 **3**

「今日ではどのような種類の特別なジグソーパズルがありますか」

1 ビルと同じ大きさのものがある。
2 よく学校で使われているものがある。
3 車のような物体に見えるものがある。
4 ピースが1つしかないものがある。

解説　今日のジグソーパズルの種類については，第3段落の2文目以降に書かれている。その5文目に，These days, people can get puzzles that become objects such as cars or ships. とあり，この内容の一部を示している**3**が正解。

(30) 解答 **3**

「日本では一部の人々はどのようにジグソーパズルを楽しみますか」

1 彼らはジグソーパズルを作った後で売る。
2 彼らはジグソーパズルを何度もやる。
3 彼らはジグソーパズルを絵画フレームに入れて見る。

4 彼らはジグソーパズルがどのように作られるかを学ぶ。

解説　日本人のジグソーパズルの楽しみ方については, 第4段落の最後の2文に書かれている。They put them in picture frames and enjoy looking at them. から, **3**が正解。**2**は In some countries での楽しみ方。

4

問題文の訳

こんにちは,
Eメールをありがとう。
夏休みにご両親と一緒に旅行に行ったんだってね。そのことについてもっと知りたいわ。どこへ行ったの？　そして, そこで何をしたの？
あなたの友達,
サマンサ

こんにちは, サマンサ！
Eメールをありがとう。
[解答欄に記入しなさい。]
それでは,

解答例

We went to Okinawa and stayed there for four days. It was a nice trip. We enjoyed swimming at a beautiful beach.

解答例の訳

私たちは沖縄へ行って, そこに4日間滞在したの。楽しい旅行だったわ。私たちはきれいなビーチで泳いで楽しんだわ。

解説　[1] Eメールの話題と2つの質問内容を正確に把握する。

話題：あなたが夏休みに両親と行った旅行
質問内容：① どこへ行ったか。② 旅行先で何をしたか。
[2] 2つの質問に対する自分の答えを考える。

① Where did you go?

　家族と旅行に行ったという設定なので, 主語はIではなくWeを使う。質問のWhere ～?は場所を尋ねる表現なので, We went to ～（旅行先）の形で書く。質問のgoを過去形wentにすること, さらにwentの後にtoを付けることに注意しよう。

② And what did you do there?

　there「そこで」は「旅行先で」ということで, 旅行先で何をしたかを尋ねている。主語は, 自分がしたことであればI, 両親を含めて全員でしたことであればWeを使い, その後に動詞の過去形を続ける。解答例のほかに, I enjoyed fishing in the river.「私は川で魚釣りを楽しんだ」やWe visited a famous aquarium.「私たちは有名な水族館に行った」などの解答も考えられる。

[3] 返信メールの構成を考えて解答を書く。

語数の目安は15語～25語なので, [2]の答えを中心としつつ, 他の情報を加えながら全体をどのような構成にするかを考える。解答例は, 次の構成になっている。

1文目：沖縄へ行って, 4日間滞在した。→2文目：楽しい旅行だった。→3文目：きれいなビーチで泳いで楽しんだ。

■この語句をチェックしよう

□go on a trip「旅行に行く」

□parents「両親」

□summer vacation「夏休み」

□stay「滞在する」

□enjoy ～ing「～をして楽しむ」

5

質問の訳

あなたは友達と一緒に何をするのが好きですか。

解答例①

I like to go to the shopping mall with my friends. I have two reasons. First, I like to look at clothes with them. Second, we can enjoy a meal together. (31語)

解答例①の訳

私は友達と一緒にショッピングモールへ行くのが好きです。2つの理由があります。第1に，私は友達と一緒に服を見るのが好きです。第2に，私たちは一緒に食事を楽しむことができます。

解説 解答例の構成は，次のようになっている。

【自分の考え】ショッピングモールへ行くのが好きだ→（理由が2つあることを明示）→【理由1】友達と服を見るのが好き→【理由2】友達と一緒に食事が楽しめる

　始めに自分の考え（友達と一緒にするのが好きなこと）を述べる。質問の What do you like to ～? に対応して，I like to ～ で始める。I have two reasons. の後は，First, ～ を使って1つ目の理由を述べ，さらに Second, ～ を使って2つ目の理由を挙げる。

■この語句をチェックしよう

□shopping mall「ショッピングモール，ショッピングセンター」

□clothes「衣服」

□enjoy a meal「食事を楽しむ」

解答例②

I like to play video games with my friends because it is more fun to play them with other people. Also, we can talk about the games during our lunch break at school. (33語)

解答例②の訳

他の人たちと一緒にする方が楽しいので，私は友達とテレビゲームをするのが好きです。また，学校で昼休みに，ゲームについて話すことができます。

解説 解答例の構成は，次のようになっている。

【自分の考え＋理由1】テレビゲームをするのが好きだ＋人と一緒にする方が楽しい→【理由2】学校で昼休みにゲームについて話すことができる

　I like to ～ を使って，テレビゲームをするのが好きであることを述べる。これに続けて，because ～ を使って1つ目の理由を述べ，Also, ～ を使って2つ目の理由を挙げている。

■この語句をチェックしよう

□it is more fun to ～「～する方が楽しい」

□lunch break「昼休み」

□during「～の間（中）」

リスニングテスト
解答と解説

問題編　p.64〜69

リスニング

第1部	問題	1	2	3	4	5	6	7	8	9	10
	解答	1	3	3	2	2	2	1	1	3	2

第2部	問題	11	12	13	14	15	16	17	18	19	20
	解答	3	2	1	3	4	4	3	2	3	4

第3部	問題	21	22	23	24	25	26	27	28	29	30
	解答	4	3	1	4	2	2	3	3	1	3

第1部　🔊 067〜077

No. 1　解答 1

☆：What are your plans for the weekend?
★：My family and I are going to Lake Kawaguchi.
☆：Oh, that sounds great. Have you been there before?
1 No, this is my first time.
2 No, I'll be busy then.
3 No, with my friends.

☆：週末は何をする予定なの？
★：家族と一緒に河口湖へ行くんだ。
☆：まあ，それはいいわね。今までにもそこへ行ったことがあるの？
1 ううん，今回が初めてだよ。
2 ううん，その時は忙しいんだ。
3 ううん，ぼくの友達と一緒に。

解説　Have you been there before? の Have you been 〜? は「〜へ行ったことがありますか」という意味で，there は to Lake Kawaguchi のこと。my first time「初めて」と答えている **1** が正解。

No. 2　解答 3

★：Excuse me.
☆：Yes?
★：Can I use my cell phone here?
1 It's just over there.
2 I'm too busy now.
3 No, please go outside.

★：すみません。
☆：はい？
★：ここで携帯電話を使ってもいいですか。
1 それはすぐそこですよ。
2 私は今忙しすぎます。
3 いいえ，外に出てください。

解説　Can I 〜? は「〜してもいいですか」という意味で，相手に許可を求める表現。cell phone「携帯電話」を使っていいかどうかたずねているので，go outside「外に出る」ように伝えている **3** が正解。

No. 3　解答 3

☆：I'd like to send this package to Australia by air.	☆：この小包を航空便でオーストラリアへ送りたいのですが。
★：Certainly. That'll be thirty-five dollars.	★：承知しました。35ドルになります。
☆：How long will it take to reach there?	☆：そこに着くまでどのくらいかかりますか。
1 Every Monday.	**1** 毎週月曜日。
2 I'm afraid not.	**2** 残念ながらそうではありません。
3 About a week.	**3** 約1週間です。

解説　package「小包」の郵送を頼んでいる場面。How long ～?は「どれくらいの時間（期間）」, reachは「～に到着する」という意味。小包がオーストラリアに到着するまでにかかる時間の長さをたずねているので, **3**が正解。by airは「航空便で」という意味。

No. 4　解答 2

☆：Excuse me. I'm looking for a bank.	☆：すみません，銀行を探しているのですが。
★：There's one on Main Street.	★：はい，メインストリートにありますよ。
☆：Is it far from here?	☆：ここから遠いですか。
1 That's too bad.	**1** それは残念ですね。
2 It's just a few minutes' walk.	**2** 歩いてほんの数分です。
3 It will be closed soon.	**3** それはすぐに閉店します。

解説　Is it far from here?のitはMain Streetにある bank「銀行」のことで, farは「遠い」という意味。この質問にYes / Noで始まる選択肢はないが, just a few minutes' walk「歩いてほんの数分」と答えている**2**が正解。

No. 5　解答 2

★：Have you been to the new Mexican restaurant yet?	★：新しくできたメキシコ料理のレストランにはもう行った？
☆：No, but I'd like to go there.	☆：いいえ，でもそこへ行ってみたいわ。
★：Really? Why don't we go there for dinner tonight?	★：本当に？　今晩夕食を食べにそこへ行かない？
1 So do I.	**1** 私も同じよ。
2 That sounds great.	**2** それはいいわね。
3 Yes, speaking.	**3** はい，私です。

解説　Why don't we ～?「～しませんか」は人を誘うときに使う表現。男性は女性をdinner「夕食」に誘っていて, there は to the new Mexican restaurantを指している。That sounds great.「それはいいですね」と誘いを受け入れている**2**が正解。

No. 6　解答　2

★：What do you want to be in the future?
☆：I'm interested in becoming a teacher.
★：What subject do you want to teach?
1　My friend loves science.
2　Math, if I can.
3　I have three classes today.

★：君は将来何になりたいの？
☆：私は教師になることに興味があります。
★：どの科目を教えたいの？
1　私の友達は理科が大好きです。
2　できれば数学です。
3　私は今日3つ授業があります。

解説　〈What＋名詞〉は「どの～」という意味で，男性はbecoming a teacher「教師になること」に興味があるという女の子に，どのsubject「科目」を教えたいかたずねている。Math「数学」と科目名を答えている**2**が正解。

No. 7　解答　1

☆：Dinner's ready in a few minutes, John.
★：What are you cooking, Mom?
☆：The recipe your grandmother gave me.
1　It smells really good.
2　I love to cook.
3　It's on the table.

☆：あと数分で夕食の準備ができるわよ，ジョン。
★：何を作っているの，お母さん？
☆：あなたのおばあちゃんが私にくれたレシピよ。
1　とてもいいにおいだね。
2　ぼくは料理するのが大好きだよ。
3　それはテーブルの上にあるよ。

解説　recipeは「レシピ」という意味。母親のThe recipe your grandmother gave me.は，Dinner「夕食」に何を作っているか答えたもの。選択肢の中でこの後に続けられるのは，smells really good「とてもいいにおいがする」と言っている**1**。

No. 8　解答　1

☆：Hi, Jack. Thank you for coming.
★：Happy birthday, Mary! This is for you.
☆：For me? Thanks. May I open it?
1　Sure. I hope you like it.
2　Sure. It's nice of you.
3　Sure. I'll be glad to.

☆：いらっしゃい，ジャック。来てくれてありがとう。
★：お誕生日おめでとう，メアリー！　これは君にだよ。
☆：私に？　ありがとう。開けてもいい？
1　もちろん。気に入ってくれるといいな。
2　もちろん。親切にありがとう。
3　もちろん。喜んで。

解説　May I open it?のMay I ～?は「～してもいいですか」と相手に許可を求める表現。itはジャックがメアリーにあげたプレゼントを指している。正解**1**のI hope you like it.は，相手にあげた物について「気に入ってくれるといいんだけど」という表現。

No. 9　解答　3

★ : You don't look so good. Are you OK?	★ : 具合があまりよくなさそうだね。大丈夫？
☆ : I have a headache.	☆ : 頭痛がするの。
★ : Do you want me to take you to the hospital?	★ : 病院に連れていってほしい？
1 He works as a doctor.	1 彼は医師として働いているわ。
2 I'll tell you about it.	2 それについてあなたに話すわ。
3 No, I'll just go to bed.	3 いいえ，寝ることにするわ。

解説　Do you want me to ～? は「私に～してほしいですか」という意味で，男性は女性に hospital「病院」に連れていってほしいかたずねている。正解 **3** の I'll just go to bed は「（病院に行かないで）寝る」ということ。

No. 10　解答　2

★ : Guess what? I got a new dog!	★ : 聞いてよ。新しい犬を手に入れたんだ！
☆ : Great! What does he look like?	☆ : すごいわね！　どんな犬なの？
★ : He's white, and my family calls him Shiro.	★ : 白くて，ぼくの家族はシロって呼んでいるよ。
1 I don't have any pets.	1 私はペットを何も飼っていないわ。
2 That's a good name.	2 それはいい名前ね。
3 Everyone likes dogs.	3 みんな犬が好きよ。

解説　男の子の家の a new dog が話題。call は「～を…と呼ぶ」という意味で，my family calls him Shiro で犬の名前を紹介している。この後に続けるのに適切なのは，a good name「いい名前」と感想を述べている **2**。

第2部　🔊 078〜088

No. 11　解答　3

★ : Your necklace is so beautiful, Jane!	★ : 君のネックレスはとてもきれいだね，ジェーン！
☆ : Thank you, Bill.	☆ : ありがとう，ビル。
★ : Where did you get it?	★ : どこで買ったの？
☆ : It was a birthday present from my father.	☆ : 父からの誕生日プレゼントだったの。
Question : Who gave Jane the necklace?	質問：誰がジェーンにネックレスをあげましたか。

1 ビル。	2 ビルの父親。
3 ジェーンの父親。	4 ジェーンの母親。

解説　ビルの Where did you get it（=your necklace）? は，どこでネックレスを買ったかをたずねた質問。これに対して It was a birthday present from my father.「父からの誕生日プレゼント」と答えているので，**3** が正解。

No. 12 解答 2

★：Excuse me. I'm looking for some books about French history.
☆：They're over there, across from the children's books section.
★：Thank you. How many books can I borrow?
☆：You can keep five for two weeks.
Question：Where are they talking?

★：すみません。フランスの歴史に関する本を探しているのですが。
☆：あちらにあります，子ども向けの本のコーナーの向かいです。
★：ありがとうございます。本は何冊借りられますか。
☆：5冊を2週間借りられますよ。
質問：彼らはどこで話していますか。

1 フランス料理のレストランで。
2 図書館で。
3 おもちゃ屋で。
4 デパートで。

解説　I'm looking for some books about 〜「〜に関する本を探しています」や，How many books can I borrow?「何冊借りられますか」などから，本を借りることができる library「図書館」での会話だとわかる。

No. 13 解答 1

☆：Mike, why don't we go to the music concert tonight?
★：Sorry, but I have to finish this report today.
☆：That's too bad. Do you need any help?
★：Thanks, but I'll be working on it until late, so please go without me.
Question：What will the man do tonight?

☆：マイク，今夜音楽コンサートに行かない？
★：悪いけど，今日このレポートを終わらせないといけないんだ。
☆：それは残念ね。何か手伝おうか？
★：ありがとう，でも遅くまでかかるから，ぼくにかまわず行ってよ。
質問：男性は今夜何をしますか。

1 レポートを終わらせる。
2 音楽のレッスンを受ける。
3 コンサートへ行く。
4 女性を手伝う。

解説　Why don't we 〜?「（一緒に）〜しませんか」は相手を誘う表現。女性から music concert「音楽コンサート」に誘われたマイクは，I have to finish this report today と答えて断っている。work on 〜は「〜に取り組む」，without は「〜なしで」という意味。

No. 14　解答　3

★：Is this blue pencil case yours, Susan?
☆：No, Mr. Green. Mine is red, and my sister put my name on the back.
★：Do you know whose it is?
☆：I think it's Kate's. I'll ask her.
Question：Whose pencil case is red?

★：この青い筆箱は君のかい，スーザン？
☆：いいえ，グリーン先生。私の筆箱は赤で，姉[妹]が裏に私の名前を書きました。
★：それが誰のかわかる？
☆：ケイトのだと思います。彼女に聞いてみます。
質問：誰の筆箱が赤いですか。

1 ケイトの（筆箱）。
2 ケイトの姉[妹]の（筆箱）。
3 スーザンの（筆箱）。
4 スーザンの姉[妹]の（筆箱）。

解説　Is this blue pencil case yours, Susan? に対してスーザンはNoと答えていることに注意する。スーザンはその後でMine is redと答えているので，**3**が正解。MineはMy pencil case「私の筆箱」ということ。

No. 15　解答　4

☆：What are you reading, Taro?
★：It's a letter from my friend. He's coming to Japan from Canada this summer.
☆：That's nice. Is he a student?
★：Yes, he's studying at university. He's interested in Japanese culture.
Question：What are they talking about?

☆：何を読んでいるの，タロウ？
★：友達からの手紙だよ。彼はこの夏にカナダから日本に来るんだ。
☆：それはいいわね。彼は学生なの？
★：うん，大学で勉強している。彼は日本の文化に興味があるんだ。
質問：彼らは何について話していますか。

1 タロウが書いた手紙。
2 タロウが読んでいる本。
3 タロウのカナダでの滞在。
4 タロウの友達。

解説　タロウは自分が読んでいるものについて It's a letter from my friend. と言った後，その友達について He's coming to Japan from Canada this summer. と説明している。これらの情報を短くまとめた **4** が正解。

Day

5

55

No. 16 〔解答〕 4

| ★：How was your vacation, Reiko? | ★：休暇^{きゅうか}はどうだった，レイコ？ |

★：How was your vacation, Reiko?
☆：I went to Hawaii with my family. We had a good time there.
★：Wow! Did your brother enjoy surfing there?
☆：He couldn't come with us. He was busy working.
Question：Why couldn't Reiko's brother go to Hawaii?

★：休暇はどうだった，レイコ？
☆：家族と一緒にハワイへ行ったの。そこで楽しい時間を過ごしたわ。
★：すごいね！　あなたのお兄さん[弟さん]はそこでサーフィンを楽しんだの？
☆：兄[弟]は私たちと一緒に来られなかったわ。仕事で忙しかったの。
質問：レイコの兄[弟]はなぜハワイへ行けなかったのですか。

1 彼は別の国を訪れていた。
2 彼は具合がよくなかった。
3 彼はハワイが好きではない。
4 彼にはやらなければならない仕事があった。

〔解説〕 男性のDid your brother enjoy surfing there? に対して，レイコはHe couldn't come with us. と言っている。その後のHe was busy working. がレイコの兄[弟]が一緒にハワイへ行けなかった理由なので**4**が正解。

No. 17 〔解答〕 3

☆：Bob, could you tell me the time?
★：It's nine o'clock.
☆：Oh no! My train leaves in ten minutes.
★：You should hurry then.
Question：What time does the train leave?

☆：ボブ，時間を教えてくれる？
★：9時だよ。
☆：まあ，大変！　あと10分で電車が出てしまうわ。
★：それじゃ，急いだ方がいいね。
質問：電車は何時に出発しますか。

1 8時50分に。　　　**2** 9時に。　　　**3** 9時10分に。　　　**4** 10時に。

〔解説〕 ボブのIt's nine o'clock. から今は「9時」だとわかる。その後に女性がMy train leaves in ten minutes. と言っていることから，電車は「10分後に」，つまり9時10分に出発する。leave(s)は「出発する」，in ～ minutesは「～分後に」という意味。

No. 18 [解答] 2

★：Mom, I can't find my football uniform. Where is it?
☆：It should be in your closet.
★：But it's not there.
☆：Look! It's in your sports bag. You forgot to put it in the washing machine.
Question：Where is the boy's football uniform?

★：お母さん，ぼくのフットボールのユニフォームが見つからないんだ。どこにあるの？
☆：あなたのクローゼットの中にあるはずよ。
★：でもそこにはないんだ。
☆：見なさい！ スポーツバッグの中にあるわ。あなたが洗濯機に入れるのを忘れたのよ。
質問：男の子のフットボールのユニフォームはどこにありますか。

1 彼のクローゼットの中に。
2 彼のスポーツバッグの中に。
3 洗濯機の中に。
4 学校に。

[解説] 男の子がmy football uniform「フットボールのユニフォーム」を探している場面。母親のIt should be in your closet.に男の子はBut it's not there.と言っているので**1**は不正解。母親のIt's in your sports bag.から**2**が正解。forgotはforgetの過去形で，forget to ～で「～し忘れる」という意味。

No. 19 [解答] 3

☆：Does the science club meet every day?
★：No, we only meet once a month.
☆：I see. I'm in the cooking club. We meet once a week.
★：Sounds fun. I want to join your club next year.
Question：How often does the science club meet?

☆：科学クラブは毎日集まっているの？
★：いや，月に1度だけ集まっているよ。
☆：そうなの。私は料理クラブに入っているの。私たちは週に1度集まっているわ。
★：おもしろそうだね。来年は君のクラブに参加したいな。
質問：科学クラブはどのくらいの頻度で集まりますか。

1 毎日。　　　　　　　　　　**2** 週に1度。
3 月に1度。　　　　　　　　　**4** 年に1度。

[解説] Does the science club meet every day?に男の子はNoと答えているので，**1**は不正解。その後のwe only meet once a monthから判断する。**2**のOnce a week.は，女の子が入っているcooking clubが集まる頻度。

No. 20　解答　4

☆：Let's go to the movies this afternoon, Bob!
★：I can't. I have to go to my aunt's house.
☆：How about tomorrow?
★：I have soccer practice from one to three, but I'm free in the morning.
Question：When will Bob have soccer practice?

☆：今日の午後映画に行こうよ，ボブ！
★：行けないんだ。おばの家に行かないといけないんだ。
☆：明日はどう？
★：1時から3時までサッカーの練習があるけど，午前中は空いているよ。
質問：ボブはいつサッカーの練習がありますか。

1 今日の午前中。
2 今日の午後。
3 明日の午前中。
4 明日の午後。

解説　How about tomorrow? という質問に，ボブはI have soccer practice from one to three と答えている。明日の from one to three「1時から3時まで」を，正解**4**では Tomorrow afternoon. と言い換えている。

第3部　◀»）089～099

No. 21　解答　4

Shinji's father is a computer engineer. Shinji studies computer science at college and wants to become an engineer like his father. He is going to work at his father's company during the summer holiday, and he is very excited about it.
Question：What is Shinji looking forward to?

シンジの父親はコンピューターエンジニアだ。シンジは大学でコンピューター科学を勉強していて，父親のようなエンジニアになりたいと思っている。彼は夏休みの間，父親の会社で働く予定で，とてもわくわくしている。
質問：シンジは何を楽しみにしていますか。

1 今年の夏に大学で勉強すること。
2 外国で仕事を得ること。
3 新しいコンピューターを買うこと。
4 父親の会社で働くこと。

解説　質問の look forward to ～は「～を楽しみに待つ」という意味。最後に he is very excited about it「彼はそのことについてとてもわくわくしている」とあり，it は直前の He is going to work at his father's company during the summer holiday を指しているので**4**が正解。

No. 22 解答 3

Yesterday, I met Tom on my way to the station. He is my old classmate from high school. He said that he was going to the stadium to see a baseball game. We promised to meet again and have dinner together.

Question：Where was Tom going?

昨日，駅へ行く途中で私はトムに会った。彼は高校の昔のクラスメートだ。彼は野球の試合を見に球場へ行くところだと言った。私たちはまた会って夕食を一緒に食べる約束をした。

質問：トムはどこに行くところでしたか。

1 駅へ。　　　　　　　　　　**2** 彼の昔の学校へ。

3 球場へ。　　　　　　　　　**4** レストランへ。

解説　He said that he was going to the stadium ...から，トムが行こうとしていたのは**3**の stadium「球場，競技場」だとわかる。**1**の station は自分が向かっていたところ。promise to ～は「～する約束をする」という意味。

No. 23 解答 1

Masashi lives in Tokyo. Last summer, he went to Seattle and stayed with a host family. This summer, his host father, Mr. Cook, came to Tokyo on business. Masashi took him to some nice places on the weekend.

Question：Why did Mr. Cook come to Tokyo?

マサシは東京に住んでいる。昨年の夏，彼はシアトルへ行き，ホストファミリーのところに滞在した。今年の夏，彼のホストファーザーであるクックさんが仕事で東京に来た。マサシは，週末に，彼をいくつかのすてきな場所に連れていった。

質問：なぜクックさんは東京に来たのですか。

1 仕事をするために。
2 ホストファミリーのところに泊まるために。
3 住む場所を探すために。
4 マサシの家族に会うために。

解説　クックさんが東京に来た目的については，... his host father, Mr. Cook, came to Tokyo on business と説明している。on business「仕事で，出張で」を To do some work. と言い換えた**1**が正解。

No. 24 解答 4

Attention, all students. We will start cleaning in ten minutes. First-year students will clean the library. Second-year students will clean the gym, and third-year students will clean the school yard. Let's make our school beautiful.

Question：What will third-year students clean?

生徒の皆さんにお知らせします。10分後に掃除を始めます。1年生は図書室を掃除します。2年生は体育館を掃除し，3年生は校庭を掃除します。学校をきれいにしましょう。

質問：3年生は何を掃除しますか。

1 体育館。　　　　　　　　　**2** 図書室。
3 教室。　　　　　　　　　　**4** 校庭。

解説　Attention, all students. で始まる校内放送。third-year students will clean the school yard から，**4**が正解。**1**の gym「体育館」は2年生が，**2**の library「図書室」は1年生が掃除する場所。

No. 25 解答 2

Today, Ryota went shopping with his father to buy a camera. Around one o'clock, they had lunch at a restaurant, and then they watched a movie at three. They got home at six.

Question: What were Ryota and his father doing at three o'clock?

今日, リョウタはカメラを買いに父親と買い物に行った。1時頃, 2人はレストランで昼食を食べて, それから3時に映画を見た。彼らは6時に帰宅した。

質問: リョウタと父親は3時に何をしていましたか。

1 彼らは買い物をしていた。
2 彼らは映画を見ていた。
3 彼らはカメラを探していた。
4 彼らは昼食を食べていた。

解説 リョウタと父親の1日の行動が順に説明されている。... and then they watched a movie at three から**2**が正解。**4**の昼食を食べていたのは Around one o'clock「1時頃」である。

No. 26 解答 2

I like animals, and I often watch TV programs about them. I want to work with animals in the future, so I sometimes go to the zoo to see people taking care of animals.

Question: What is the girl talking about?

私は動物が好きで, よく動物に関するテレビ番組を見る。私は将来, 動物と一緒に働きたいと思っているので, ときどき動物園へ行って, 動物を世話している人たちを見る。

質問: 女の子は何について話していますか。

1 彼女の大好きな番組。   **2** 彼女の夢。
3 彼女のペットたち。   **4** 彼女の週末。

解説 I want to work with animals in the future「将来, 動物と一緒に働きたい」と, それを受けて so「だから」以降で zoo「動物園」に行くことを説明していることから, 女の子の dream「夢」が話題。全体にわたって動物の話が出てくるが, テレビ番組やペットの話をしているわけではないので**1**や**3**を選ばないようにする。

No. 27 解答 3

Sam and Beth went skiing in the mountains last Sunday. They planned to ski all day, but it started snowing heavily. It also became windy in the afternoon, so they gave up and went back home early.

Question: Why did Sam and Beth go home early?

先週の日曜日, サムとベスは山へスキーに行った。彼らはそこで1日中スキーを楽しむ予定だったが雪が激しく降り始めた。また, 午後には風も強くなったので, 彼らはあきらめて早く家に帰った。

質問: サムとベスはなぜ早く家に帰ったのですか。

1 その場所が込んでいた。   **2** 雪が少ししかなかった。
3 天気が悪くなった。   **4** 2人とも具合が悪くなった。

解説 they gave up and went back home early「彼らはあきらめて早く家に帰った」の理由は, その前の it started snowing heavily や It also became windy で説明されている。これを The weather became bad. と言い換えている**3**が正解。weather は「天気」, became は become「~になる」の過去形。

No. 28 解答 3

Today, I found out that my favorite shop was having a sale. All the T-shirts were being sold at ten dollars each. It was five dollars cheaper than the usual price, so I decided to buy one.

Question: How much was a T-shirt today?

今日、私はお気に入りの店がセールをしていることに気づいた。Tシャツがすべてそれぞれ10ドルで売られていた。通常の値段よりも5ドル安かったので、私は1枚買うことにした。

質問: Tシャツは今日いくらでしたか。

1 1ドル。　　　　　　　　　　**2** 5ドル。

3 10ドル。　　　　　　　　　　**4** 15ドル。

解説 sale「セール」が行われていた店で買ったTシャツの値段については、All the T-shirts were being sold at ten dollars each. と言っているので**3**が正解。soldはsell「〜を売る」の過去分詞、eachは「それぞれ」。放送文の最後のoneはa T-shirtのこと。

No. 29 解答 1

Jim went to a department store this afternoon. He was looking for a teddy bear to buy for his sister. A salesclerk told him that the toy section was on the eighth floor, so he went there and got one.

Question: Who was looking for a teddy bear?

ジムは今日の午後、デパートへ行った。彼は妹[姉]に買ってあげるテディベアを探していた。店員がおもちゃ売り場は8階だと言ったので、彼はそこへ行ってテディベアを買った。

質問: 誰がテディベアを探していましたか。

1 ジム。

2 ジムの妹[姉]。

3 店員。

4 店のオーナー。

解説 look for 〜は「〜を探す」という意味で、放送文と質問ではwas looking for 〜という過去進行形になっている。He was looking for a teddy bear ... とあり、Heはその前の文の主語Jimを指すので**1**が正解。

No. 30 解答 3

Yesterday, a new student, Ben, came to Yumi's class from New Zealand. Yumi showed him around the school. He was interested in Japanese school lunch and liked eating it very much. After school, Yumi showed him some club activities.

Question: What was Ben interested in?

昨日、新入生のベンがニュージーランドからユミのクラスにやって来た。ユミは彼に学校を案内した。彼は日本の学校給食に興味を持って、それをとても喜んで食べた。放課後、ユミは彼にクラブ活動をいくつか見せた。

質問: ベンは何に興味を持ちましたか。

1 日本の歴史。

2 クラブ活動。

3 学校給食。

4 英語の授業。

解説 be interested in 〜は「〜に興味がある」という意味。ベンが興味を持ったものについて、He was interested in Japanese school lunchとあることから、**3**が正解。**2**のClub activities「クラブ活動」については、ユミが見せただけでベンが興味を持ったとは述べられていないので不正解。

Day
5

筆記試験＆リスニングテスト
解答と解説

問題編 p.73～89

筆記

1

問題	1	2	3	4	5	6	7	8	9	10	11	12	13	14	15
解答	2	4	2	2	1	3	4	1	4	2	4	2	4	3	3

2

問題	16	17	18	19	20
解答	2	2	1	4	1

3

		A		B			C			
問題	21	22	23	24	25	26	27	28	29	30
解答	3	1	4	4	3	2	3	2	4	1

4 **5** 解説内にある解答例を参照してください。

リスニング

第1部

問題	1	2	3	4	5	6	7	8	9	10
解答	3	1	3	2	1	2	1	1	2	2

第2部

問題	11	12	13	14	15	16	17	18	19	20
解答	4	1	1	3	1	2	3	3	2	4

第3部

問題	21	22	23	24	25	26	27	28	29	30
解答	3	1	3	3	2	4	3	4	4	3

1

(1) 解答 **2**

「トムはとてもかわいい犬を飼っている。その犬は彼に家中ついていく」

解説 空所に入る動詞の目的語となるhimや，all around the house「家中」とのつながりから，follow「～についていく」が正解。**1**はmiss「～を逃す」，**3**はmove「～を動かす」，**4**はlend「～を貸す」の3人称単数形。

(2) 解答 **4**

「サリーは今日学校へ行かなかった。彼女はひどい風邪をひいているので，3日間休んでいる」

解説 Sally didn't go to school today. や she has a bad cold という状況と，for three days との意味的なつながりから，absent「欠席して」を選択する。**1** public「公の」，**2** mysterious「神秘的な」，**3** similar「似た」。

(3) 解答 **2**

「カトウ夫妻にはオーストラリアに海外留学している娘がいる。彼らは今年の夏に彼女を訪れる予定だ」

解説 who is studying の studying を修飾することができるのはabroad「海外［外国］で」で，

62

study abroadで「海外留学する」という意味。空所後のin Australia「オーストラリアで」からも海外で勉強していることがわかる。**1** either「どちらか」，**3** finally「ついに，最後に」，**4** early「早く」。

(4) 解答 2

「8階へ行くのならエレベーターを使ってください」

解説 the 8th ～「8番目の～」とのつながりと，the elevator「エレベーター」があることから，floor「階」が正解。**1** grade「学年」，**3** step「段，一歩」，**4** block「ブロック，一区画」。

(5) 解答 1

A「もう少しサラダはいかがですか」

B「ええ，ありがとう，でもほんの少しでいいです。お腹がいっぱいになってきています」

解説 Aから some more salad「もう少しのサラダ」を勧められたBは only a little「ほんの少し（の量）」でいいと答えているので，full「いっぱいの，満腹の」を選ぶ。**2** poor「貧しい」，**3** short「短い」，**4** enjoyable「おもしろい」。

(6) 解答 3

「新しいコンピューターを買うにはたくさんお金がかかるとわかっているが，近い将来1台欲しい」

解説 itの具体的な内容は to buy a new computer「新しいコンピューターを買うこと」なので，動詞は cost「（費用が）かかる」が入る。It costs ～ to ...で「…するのに～（の費用が）かかる」。**1**は grow「～を育てる」，**2**は prepare「～を準備する」，**4**は share「～を共有する」の3人称単数形。

(7) 解答 4

「ケリーは昨日，友達と映画を見て楽しんだ。それは彼女が今年見た中で最もわくわくする映画だった」

解説 空所のある2文目の主語Itは1文目のa movie「映画」のこと。enjoyed watching a movie「映画を見て楽しんだ」とあるので，その映画の説明としては exciting「わくわくする」が最も適切。**1** different「違った」，**2** boring「退屈な」，**3** shy「恥ずかしがりの」。

(8) 解答 1

A「この階には試着室はありますか。このスカートを試着したいのですが」

B「はい，あちらにあります」

解説 1文目の fitting room「試着室」と空所後の on this skirt との結びつきを考えて，try on ～「～を試着する」という表現にする。over there は「あそこに」という意味。**2** change「変化する」，**3** pass「～を手渡す」，**4** make「～を作る」。

(9) 解答 4

A「お母さん，こっちに来てくれる？」

B「ちょっと待って。今忙しいの」

解説 空所後のnowに注目して，right now「現在，今」とする。「今すぐに」という意味でも使われる。Just a minute. は「ちょっと待って」。**1** even「～さえ」，**2** away「離れて」，**3** ever「今までに」。

(10) 解答 2

A「ご注文はお決まりですか」

B「はい。フレンチトーストをお願いします」

解説 Bの I'll have a French toast「フレンチトーストをお願いします（いただきます）」という返答からレストランなどでA（店員）がB（客）に食事の注文を取っている場面だと考えられる。take one's order は「～の注文を取る」，I'll have [take] ～ は「～をいただきます」という意味。**1** rule「規則」，**3** price「値段」，**4** food「食べ物」。

(11) 解答 4

「スーザンはトムからノートを借りたが，それをなくしてしまった。トムはテスト勉強ができなかったので怒った」

解説 lostは lose「～をなくす」の過去形，it はスーザンがトムから借りた notebook「ノート」を指す。1文目の内容と he couldn't study for the test という状況から，got angry「怒った」とする。**1** hungry「お腹がすいて」，**2** wet「濡れている」，**3** thirsty「喉が渇いて」。

(12) 解答 2

「レストランはとても込んでいたので，私たちはテーブルに着くまで30分以上待たなければならなかった」

解説 that we had to ... とあるので，so ~ that ...「とても~なので…」という表現にする。crowded は「混雑して」，more than ~ は「~以上」。**1** yet「まだ」，**3** still「まだ」，**4** else「他に」。

(13) **解答** 4

「父は私にとても使いやすい新しいカメラをくれた」

解説 （　）is really easy to use「とても使いやすい」が直前の a new camera「新しいカメラ」を修飾できるようにするには物を説明する関係代名詞 which を使う。gave は give の過去形で，〈give + 人 + 物〉で「(人) に (物) をあげる」。

(14) **解答** 3

A「もう行っていいですか，スペンサー先生？」

B「いいえ，まだです。テストが終わったら帰れますよ」

解説 ここでの after「~の後に」は前置詞なので，この後に動詞を続ける場合は ~ing の形になる。after を接続詞として使って，after の後に〈主語 + 動詞〉を続け，after you finish the test とすることもできる。

(15) **解答** 3

A「あそこでイトウ先生と話している女性を知ってる？」

B「ええ，彼女は私たちの新しい英語の先生よ」

解説 （　）to Ms. Ito over there「あそこでイトウ先生と~」が直前の the woman「女性」を修飾できるようにするには，動詞 talk「話す」を現在分詞の talking「話している」にする必要がある。

2

(16) **解答** 2

夫「今日の天気予報を確認した？」
妻「ええ，雨になるわよ」
夫「わかった。傘を持っていくよ」
1 それを試着した方がいいわ。
2 雨になるわよ。
3 大雪だったんだ。
4 暖かい服を着ていってね。

解説 check the weather forecast は「天気予報を確認する」。夫は妻の言葉を受けて take an umbrella「傘を持っていく」と言っているので，rain「雨が降る」と言っている **2** が正解。

(17) **解答** 2

妹[姉]「本当にひどい風邪をひいちゃったわ」
兄[弟]「それは大変だね。何か薬は飲んだの？」
妹[姉]「ううん，まだよ」
1 今日は寒いの？
2 何か薬は飲んだの？
3 明日は家にいるの？
4 医者は何て言ったの？

解説 最後の not yet は「まだ~していない」とい

う意味で，これにつながる質問は，medicine「薬」を飲んだかどうかたずねている **2**。ここでの Have you ~（過去分詞）? は「もう~しましたか」という意味。

(18) **解答** 1

男の子「今週の土曜日にぼくの学校の劇を見に来る？」
女の子「いいわよ。いつ始まるの？」
男の子「午前10時に始まるから，遅れないでね」
1 遅れないでね。
2 座って。
3 それは左側にあるよ。
4 それは見つかるよ。

解説 It starts at 10 a.m. の It は男の子が女の子に見に来るように誘っている school play「学校の劇」を指している。so「だから（=午前10時に始まるから）」とのつながりから **1** が正解で，don't ~ は「~しないで」という意味。

(19) 解答 **4**

女の子「あなたは学校のバスケットボールチームに入っているの？」

男の子「そうだったんだけど，今は入っていないよ。バスケットボールは大好きなんだけど，練習が厳しすぎたんだ」

1 もっとがんばるよ。

2 そのスポーツを楽しんだよ。

3 そのチームは強いんだ。

4 練習が厳しすぎたんだ。

解説 男の子の I was, but not now. は，以前はそうだった（バスケットボールチームに入っていた）けど今は違うということ。I really like basketball, but ～「バスケットボールは大好きなんだけど～」につながる発話は，バスケットボールチームをやめた理由を説明している **4**。

(20) 解答 **1**

客「うわー。これらの人形は美しいですね」

店員「今週，それらはセール中です。すべて30%引きです」

客「それは安いですね！　1ついただきます」

1 すべて30%引きです。

2 明日購入できます。

3 フランス製のものもあります。

4 後でお支払いできます。

解説 Customer「客」がThat's cheap! と言っているので，その前のSalesclerk「店員」の発話として適切なのは30% off「30%引き」と値段の説明をしている **1**。on sale は「セール中で」という意味。

3A

全訳

誰か私たちのネコを見かけませんでしたか？

私の家族と私はうちのネコのことをとても心配しています。ネコの名前はマックスです。生後6か月です。1週間家に帰っていなくて，6月4日の土曜日に病院近くの公園で最後に目撃されました。ネコは私たち家族の特別な一員で，私たちはネコがいなくなってとても寂しい思いをしています。

ネコの特徴：

体は黒ですが，前足両方とも靴下のように真っ白です。目は緑です。首に赤いリボンをしているはずです。

もしネコを見かけたか，またはネコについて何か情報があれば，bethtaylor777@ccmail.comのベスまでEメールをください。

(21) 解答 **3**

「ネコは最後にどこで見かけられましたか」

1 ベスの家で。

2 病院で。

3 公園で。

4 靴下の店で。

解説 本文4文目の She ... was last seen at the park near the hospital から判断する。seenはsee「～を見る」の過去分詞で，was last seen「最後に見かけられた」と受動態になっている。at the park near the hospital「病院の近くの公園で」なので，病院ではないことに注意。

(22) 解答 **1**

「マックスについて何か知っている場合にすべきことは」

1 ベスにEメールを送る。

2 ベスに電話する。

3 テイラー家を訪れる。

4 ネコを病院に連れていく。

解説 最後に，If you ... have any information about her, please send an e-mail to Beth ... とあるので，正解は **1**。

全訳

送信者：ミーガン・カーター
受信者：アヤカ・ヤマモト
日付：6月29日
件名：バーベキュー

アヤカへ,
先日はあなたに会えてうれしかったわ。あなたに言い忘れたんだけど,今週の日曜日に私の家族がバーベキューを開くの。クリスタル湖で午後1時からの予定よ。両親は私が何人か友達を招待してもいいと言ったわ。もし他に予定がなければ,あなたに来てもらいたいの。家族がお肉と飲み物を用意するので,副菜の料理を一皿だけ持ってきてね。あなたが午前中に私の家に来ることができれば,うちの車で一緒に行きましょう。それか,土曜日の晩に来て,私たちと一緒に一晩過ごすこともできるわ。あなたが来られるといいんだけど。
あなたの友達,
ミーガン

送信者：アヤカ・ヤマモト
受信者：ミーガン・カーター
日付：6月30日
件名：ぜひ

ミーガンへ,
バーベキューに招待してくれてありがとう。あなたやあなたの家族とぜひバーベキューをしたいわ。でも,残念ながら日曜日の午前中は空いていないの。ピアノのレッスンがあるの。遅くなるけど,午後2時頃にはバーベキューに行けると思うわ。それでも大丈夫? お父さんにクリスタル湖まで送ってもらうわ。湖のどこにいるの?
ありがとう,
アヤカ

送信者：ミーガン・カーター
受信者：アヤカ・ヤマモト
日付：7月1日
件名：場所

アヤカへ,
遅くなることについては心配しないで。あなたがバーベキューに来られるだけでうれしいわ。とても楽しくなりそうね。私たちは貸しボートの店の隣のビーチにいるわ。20人くらいいるので,私たちを見つけるのは難しくないわよ。でも念のため,湖に着いたら私に電話をしてね。あっ,水着を持ってくるのを忘れないでね!
それじゃ,日曜日に,
ミーガン

(23) 解答 **4**
「彼らはいつバーベキューをしますか」
1 土曜日の午後に。
2 土曜日の夜に。
3 日曜日の午前に。
4 日曜日の午後に。
解説 最初のEメールの2文目my family is holding a barbecue this Sundayからバーベキューは日曜日であること,3文目It's going to be ... from 1:00 p.m.から開始時間は午後1時だとわかる。

(24) 解答 **4**
「アヤカはバーベキューの前にどこへ行かなければなりませんか」
1 湖へ。
2 水泳教室へ。
3 貸しボートの店へ。
4 ピアノのレッスンへ。
解説 アヤカが書いた2番目のEメールの3文目にI'm not free in the morning on Sundayとあり,日曜日の午前が空いていない理由を次の文でI have my piano lesson.と説明している。

(25) 解答 **3**
「アヤカは湖に着いたら何をするべきですか」
1 バーベキューの食べ物を用意する。
2 水着を着る。
3 ミーガンに電話で連絡する。
4 店でボートを手に入れる。
解説 3番目のEメールの6文目で,ミーガンはア

ヤカに please call me when you arrive at the lake と書いているので，**3**の Contact ~ by phone

「~に電話で連絡する」が正解。

全訳

ビアトリクス・ポター

　ヘレン・ビアトリクス・ポターは，イギリス人の作家，イラストレーター，そして科学者だった。彼女は自然をとても愛し，子ども向けの本『ピーターラビットのおはなし』で最もよく知られている。

　ポターは1866年にロンドンの裕福な家庭に生まれた。子どもの頃，彼女は友達がほとんどいなかったが，たくさんのペットを飼っていて，多くの時間を自然の中で過ごした。彼女は絵を描くことを教わり，これらの技能を使って自分が見た多くの動物をスケッチした。

　大人になると，ポターは自然科学に強い関心を持っていた。当時，女性が科学者になることは困難だったが，家族は彼女を助けた。彼女はキノコの絵を描き，それについて執筆をしたが，残念なことに，女性だという理由で彼女の業績は受け入れられなかった。彼女の業績は，彼女の死後にようやく受け入れられた。

　ポターの物語である『ピーターラビットのおはなし』は，本になる何年も前から始まっていた。1893年に，彼女は彼女の先生のうちの1人の5歳の息子に絵のついた手紙を書いた。後に，彼女は物語を本にした。その本は1902年に出版された。それ以来，その本は何百万部も販売され，史上最も人気のある本の1つとして知られている。

　作家および芸術家としての成功の後も，彼女は自然と科学に興味を持ち続けた。亡くなるまでに，彼女は多くの土地と農場を所有していた。彼女はそれらを保護したかったので，それらのうちのいくつかを環境団体に寄付した。この土地の一部は現在一般に公開されており，多くの人々がポターの生涯について学ぶために訪れている。

(26) 解答 **2**

「ビアトリクス・ポターはなぜ有名なのですか」
1 彼女はロンドンでつらい生活を送った。

2 彼女は子ども向けの本を書いた。
3 彼女は家で多くの興味深い動物を飼っていた。
4 彼女は友達の絵をたくさん描いた。

解説　第1段落の2文目に，She ... is best known for her children's book *The Tale of Peter Rabbit.* とある。known は know の過去分詞で，be known for ~ で「~で知られている，有名である」という意味。

(27) 解答 **3**

「ポターは子どもの頃，何を学びましたか」
1 文章を書くこと。
2 歴史。
3 美術。
4 農業。

解説　as a child「子どもの頃」のことについては，第2段落の3文目に She was taught to paint and draw ... とある。taught は teach「~を教える」の過去分詞。paint は「（絵の具などで）絵を描く」，draw は「（鉛筆などで）絵を描く」。これらを1語で言い換えた**3**の Art が正解。

(28) 解答 **2**

「ポターは自然科学に興味を持っていたので，」
1 彼女が育てた植物はとても美しかった。
2 彼女はキノコについて書いた。
3 彼女の友達は彼女に自然について教えた。
4 彼女はウサギの生態を研究した。

解説　Potter was interested in natural science, so ...の so は「だから~」という意味。第3段落の1文目 Potter was very interested in natural science と，3文目の She drew and wrote about mushrooms から**2**が正解。wrote は write「~を書く」の過去形。

(29) 解答 **4**

「『ピーターラビットのおはなし』は本になる前は

何でしたか」
1 ウサギに関する科学論文。
2 人気のテレビドラマ。
3 イングランドの古い物語。
4 子どもへの手紙。

解説　*The Tale of Peter Rabbit* がもともとは何であったかを，第4段落の2文目で In 1893, she wrote letters with pictures to the five-year-old son of one of her teachers と説明している。正解**4**では，the five-year-old son of one of her teachers を a child に置き換えている。

(30) 解答　**1**
「この話は何に関するものですか」
1 美術と科学で多くの事を成し遂げた女性。
2 19世紀の有名な科学の教師。
3 森に住んでいたピーターという名のウサギ。
4 植物を育てるのにいちばんいい場所。

解説　タイトルにあるとおり Beatrix Potter に関する英文で，1文目に彼女が writer, illustrator, and scientist であったと書かれている。それ以降，それぞれの分野で彼女が何をしたかが説明されているので，それを短くまとめている**1**が正解。

4

問題文の訳

こんにちは，
Eメールをありがとう。
友達と一緒に音楽のライブコンサートに行ったんだってね。そのことについてもっと知りたいわ。
いつコンサートに行ったの？　それと，どんな音楽を聞いたの？
あなたの友達，
ティリー

こんにちは，ティリー！
Eメールをありがとう。
［解答欄に記入しなさい。］
それでは，

解答例

We went to the concert last Saturday. We listened to pop music. The singers were all great, and we really enjoyed the concert.

解答例の訳

私たちは先週の土曜日にコンサートに行ったの。ポップスを聞いたわ。歌手はみんなすばらしくて，私たちはコンサートをとても楽しんだわ。

解説　［1］Eメールの話題と2つの質問内容を正確に把握する。
話題：あなたが友達と行った音楽のライブコンサート
質問内容：① いつコンサートに行ったか。② どんな音楽を聞いたか。
［2］2つの質問に対する自分の答えを考える。
① When did you go to the concert?
　友達と音楽のライブコンサートに行ったという設定なので，主語はIではなくWeを使って，We went to the (live music) concertで始める。質問はWhenで始まっていて，いつコンサートに行ったかを尋ねているので，この後にon Sunday「日曜日に」やlast weekend「先週末」のような表現を続ける。
② And what kind of music did you listen to?
　What kind of ～ は「どのような種類の～」という意味で，コンサートで聞いた音楽の種類をWe listened to ～ の形で書く。解答例のほかに，rock (music)「ロック」，classical music「クラシック」，hip-hop「ヒップホップ」，jazz「ジャズ」のような解答も考えられる。
［3］返信メールの構成を考えて解答を書く。

語数の目安は15語〜25語なので，［2］の答えを中心としつつ，他の情報を加えながら全体をどのような構成にするかを考える。解答例は，次の構成になっている。

1文目：先週の土曜日にコンサートに行った。→2文目：ポップスを聞いた。→3文目：歌手はみんなすばらしくて，コンサートをとても楽しんだ。

■この語句をチェックしよう

□live「ライブの」
□music concert「音楽のコンサート」

□pop music「ポップス，ポピュラー音楽」
□singer(s)「歌手」

5

質問の訳

スポーツをするのとスポーツを見るのとではあなたはどちらが好きですか。

解答例①

I like playing sports better. I have two reasons. First, I like to exercise and move my body. Second, it is fun to play team sports such as baseball with my friends. （32語）

解答例①の訳

私はスポーツをする方が好きです。2つの理由があります。第1に，私は運動をして，体を動かすことが好きです。第2に，野球のような団体競技を友達と一緒にするのは楽しいです。

解説　解答例の構成は，次のようになっている。

【自分の考え】スポーツをする方が好きだ→（理由が2つあることを明示）→【理由1】運動をして，体を動かすのが好き→【理由2】団体競技を友達と一緒にするのは楽しい

　自分の考えは，QUESTIONの表現を使って，I like playing sports better. とする。I have two reasons. と理由が2つあることを述べてから，First, 〜「第1に〜」, Second, 〜「第2に〜」と具体的に説明する。

■この語句をチェックしよう

□exercise「運動する」
□team sport(s)「団体競技，チームスポーツ」

□such as 〜「〜のような」

解答例②

I like watching sports better because I'm not very good at them. Also, it is exciting to watch my favorite players play at the stadium. I often go to see soccer games. （32語）

解答例②の訳

私はスポーツがあまり得意ではないので，見る方が好きです。また，自分の大好きな選手が競技場でプレーするのを見るのはわくわくします。私はよくサッカーの試合を見に行きます。

解説　解答例の構成は，次のようになっている。

【自分の考え＋理由1】スポーツを見る方が好きだ＋あまり得意ではない→【理由2】大好きな選手が競技場でプレーするのを見るのはわくわくする→【理由2の補足】よくサッカーの試合を見に行く

　自分の考えは，QUESTIONの表現を使って，I like watching sports better とし，続けて because 〜 以下で1つ目の理由を述べる。2つ目の理由は，Also, 〜「また，〜」で始める。

■この語句をチェックしよう

□not very good at 〜「〜があまり得意ではない」
□exciting「わくわくする」

□watch＋目的語＋動詞の原形「（目的語）が〜するのを見る」

Listening Test

第 *1* 部　🔊)) 100～110

No. 1　解答 3

★：Excuse me. Is there a convenience store around here?	★：すみません。この近くにコンビニエンスストアはありますか。
☆：There's one on Maple Street.	☆：メープル通りにあります。
★：How can I get there?	★：そこへはどうやって行けますか。
1 You can buy some drinks.	**1** 飲み物をいくつか買えます。
2 It's about 15 minutes.	**2** 約15分です。
3 Walk two blocks and turn left.	**3** 2ブロック歩いて，左に曲がってください。

解説　How can I get there? の How は「どのようにして」という意味で，get there「そこに行く」の「そこ」とは，具体的には Maple Street にある convenience store「コンビニエンスストア」のこと。行き方を答えているのは**3**で，block(s)は「区画，ブロック」，turn は「曲がる」という意味。

No. 2　解答 1

☆：Dad, can I ask you something?	☆：お父さん，ちょっとお願いしてもいい？
★：What's the matter, Betty?	★：どうしたんだい，ベティー？
☆：Could you help me fix my model car?	☆：私の模型自動車を直すのを手伝ってくれない？
1 Sure. Bring it to me.	**1** いいよ。それを私のところへ持っておいで。
2 Yes. You can have one.	**2** うん。1つあげるよ。
3 Great. I'm glad you tried it.	**3** すごいね。それを試してくれてうれしいよ。

解説　Could you ～?「～してくれませんか」は依頼する表現。〈help＋人＋動詞の原形／to 不定詞〉は「(人) が～するのを手伝う」という意味。ベティーからの依頼に Sure. と応じている**1**が正解で，it は model car「模型自動車」のこと。

No. 3　解答 3

☆：Where's your math homework, Fred?	☆：数学の宿題はどこですか，フレッド？
★：I'm sorry, Ms. Nelson. I forgot to do it.	★：すみません，ネルソン先生。宿題をやるのを忘れました。
☆：Be sure to do it next time.	☆：次は必ずやりなさいね。
1 I'm lost.	**1** 道に迷っています。
2 Here you go.	**2** はい，どうぞ。
3 I will.	**3** そうします。

解説　最後の Be sure to ～ は「必ず～してください」という意味で，it は math homework「数学の宿題」のこと。ネルソン先生の発話を受けて「そうします」と答えているのが**3**の I will. で，I will do my math homework next time. ということ。

No. 4 [解答] **2**

★ : Let's play video games at my house tomorrow.
☆ : OK, but I have a piano lesson in the morning.
★ : Then, what time can you come?
1 It's nine o'clock now.
2 Around two.
3 By bike.

★ : 明日，ぼくのうちでテレビゲームをしようよ。
☆ : いいわよ，でも午前中はピアノのレッスンがあるの。
★ : それなら何時に来られる？
1 今は9時よ。
2 2時頃に。
3 自転車で。

[解説] Then「それなら」は，「午前中にピアノのレッスンがあるのなら」ということ。what time は「何時に」という意味で，男の子は女の子にいつ自分の家に来ることができるかたずねている。正解**2**の Around ～ は「～頃」という意味。

No. 5 [解答] **1**

☆ : Hello. Sally's Restaurant. How can I help you?
★ : I'd like a table on Thursday at 5:30.
☆ : Certainly. How many people?
1 Four.
2 At 6 o'clock.
3 We like pizza.

☆ : もしもし。サリーズレストランです。ご用件をお伺いいたします。
★ : 木曜日の5時30分にテーブルを予約したいのですが。
☆ : かしこまりました。何名様ですか。
1 4人です。
2 6時に。
3 ぼくたちはピザが好きです。

[解説] 男性はレストランに電話をかけて，I'd like a table ... とテーブルの予約をしている。〈How many＋名詞〉は数をたずねる表現で，店員は男性に何名来店するかをたずねている。正解**1**の Four. は Four people. ということ。

No. 6 [解答] **2**

☆ : It's Kate's birthday this weekend.
★ : You're right! What should we do for her?
☆ : How about having a party for her?
1 My pleasure.
2 That's a good idea.
3 Same to you.

☆ : 今週末はケイトの誕生日よ。
★ : そうだね！　彼女のために何をしたらいいかな？
☆ : 彼女のためにパーティーを開くのはどう？
1 どういたしまして。
2 それはいい考えだね。
3 君もね。

[解説] How about ～? は「～してはどうですか」という意味で，相手に提案する表現。having a party for her「彼女のためにパーティーを開く」という提案に対して，That's a good idea.「それはいい考えだね」と答えている**2**が正解。

No. 7　解答　1

★：Have you seen my wallet?	★：ぼくの財布を見なかった？
☆：No. Did you check your bag?	☆：ううん。カバンは調べたの？
★：Yes, I did. It must be around here somewhere.	★：うん，調べたよ。このあたりのどこかにあるはずなんだけど。
1 Let me help you.	**1** 手伝ってあげるわ。
2 At the new shop.	**2** 新しい店で。
3 I don't have any money.	**3** 私はお金を全然持っていないの。

解説　Have you seen 〜?は「〜を見ませんでしたか」という意味で，男の子がwallet「財布」をさがしている場面。男の子は財布がaround here somewhere「このあたりのどこか」にあるはずだと言っているので，その後に続くのにふさわしい内容は手伝うことを申し出ている**1**。

No. 8　解答　1

★：I think I have a fever.	★：熱があるみたいだ。
☆：You should go to the drugstore and buy some medicine.	☆：ドラッグストアへ行って，薬を買った方がいいわ。
★：Yeah. Then I'll go home and get some rest.	★：そうだね。その後，家に帰って休むよ。
1 Take care.	**1** お大事にね。
2 I'll think about it.	**2** それについて考えるわ。
3 Thanks a lot.	**3** どうもありがとう。

解説　fever「熱」があるという男性は，go home and get some rest「家に帰って休む」と言っている。これを受けた女性の発話として適切なのは**1**のTake care. で，「お大事に」という意味。drugstoreは「ドラッグストア」，medicineは「薬」。

No. 9　解答　2

☆：Where's Mom?	☆：お母さんはどこ？
★：She went shopping at the supermarket.	★：スーパーマーケットへ買い物に行ったよ。
☆：Do you think she'll come back in an hour?	☆：1時間で戻ってくると思う？
1 I'd love to.	**1** 喜んで。
2 I'm not sure.	**2** わからないな。
3 She goes there sometimes.	**3** 彼女はそこへときどき行くよ。

解説　女の子はDo you think 〜?「〜だと思いますか」で始まる疑問文で，母親がin an hour「1時間で」戻ってくるかどうかたずねている。Yes / Noで始まる選択肢はないが，I'm not sure.「わからない」と言っている**2**が正解。

No. 10 解答 **2**

★：Why don't we go out for dinner tonight?
☆：Sounds great. Could you pick me up at my house?
★：Of course. How about six o'clock?
1 That's very strange.
2 That's fine with me.
3 You came so early.

★：今夜夕食を食べに行かない？
☆：いいわね。私の家に車で迎えに来てくれない？
★：もちろん。6時はどう？
1 それはとても奇妙だわ。
2 私はそれで大丈夫よ。
3 あなたは早く来すぎたわ。

解説　男性は How about ～?「～はどうですか」で始めて，six o'clock「6時」に女性を迎えに行くことを提案している。これに対して That's fine with me.「私はそれで大丈夫よ」と答えている**2**が正解。pick ～ up は「～を（車で）迎えに来る［行く］」という意味。

第2部 ◀)) **111~121**

No. 11 解答 **4**

☆：I think we need to turn left somewhere.
★：But the map says to go straight.
☆：Should we stop the car and ask somebody?
★：Yeah. There's a police officer over there. We can ask him.
Question：What will they do now?

☆：どこかで左折しなければいけないと思うんだけど。
★：でも地図では真っすぐ進むようになっているよ。
☆：車を止めて誰かに聞いた方がいいかな？
★：そうだね。あそこに警察官がいるよ。彼に聞こう。
質問：彼らはこれから何をしますか。

1 地図を買う。
2 彼らの車を修理する。
3 電話をする。
4 警察官に聞く。

解説　we need to turn left somewhere や the map says to go straight などから，道を探している場面であることを理解する。最後の We can ask him. の him は，その前の文にある a police officer「警察官」を指している。

Day **6**

No. 12　解答　1

☆：Why don't we have lunch at the Thai restaurant?

★：I can't eat spicy food. How about Italian food?

☆：The Italian restaurant is closed today. Let's eat some sandwiches at the cafeteria.

★：All right.

Question：Where will they have lunch today?

☆：タイ料理のレストランで昼食を食べない？

★：ぼくは辛い料理が食べられないんだ。イタリア料理はどう？

☆：イタリア料理のレストランは今日閉まっているわ。カフェテリアでサンドイッチを食べましょう。

★：そうだね。

質問：彼らは今日どこで昼食を食べますか。

1 カフェテリアで。

2 タイ料理のレストランで。

3 イタリア料理のレストランで。

4 サンドイッチ店で。

解説　女性の Let's eat some sandwiches at the cafeteria. に男性は All right. と同意しているので，**1** が正解。**2** の Thai restaurant については，男性が I can't eat spicy food. と言っている。また，**3** の Italian restaurant は closed「閉まっている」とあるので不正解。

No. 13　解答　1

☆：Turn off the TV, Mike. It's time to go to bed.

★：But it's only nine o'clock. Could I read a book instead?

☆：You have to get up early tomorrow, don't you?

★：You're right. Good night, Mom.

Question：What will Mike do next?

☆：テレビを消しなさい，マイク。もう寝る時間よ。

★：でもまだ9時だよ。代わりに本を読んでもいい？

☆：明日は早く起きないといけないんでしょ？

★：そうだね。おやすみ，お母さん。

質問：マイクは次に何をしますか。

1 寝る。

2 テレビをつける。

3 本を読む。

4 目覚まし時計を設定する。

解説　It's time to ～. は「もう～する時間です」という意味。テレビを見ていて母親にもう寝る時間だと言われたマイクは Could I read a book instead? と聞いているが，翌日早く起きないといけないことを指摘され，Good night, Mom. と言って寝ることに同意している。

No. 14　解答　3

★：What's the matter, Mary?
☆：I left some candy in my pocket when I washed my jeans.
★：Oh, that's terrible!
☆：I have to clean them all over again.
Question：What is Mary's problem?

★：どうしたの，メアリー？
☆：ジーンズを洗ったときに，ポケットにキャンディを入れたままだったのよ。
★：ああ，それは大変だ！
☆：もう1度洗い直さないといけないわ。
質問：メアリーの問題は何ですか。

1 彼女はジーンズを洗うのを忘れた。
2 彼女はポケットに穴を見つけた。
3 彼女はジーンズをもう1度洗わなくてはならない。
4 彼女はキャンディが好きではない。

解説　Mary's problem「メアリーの問題」は最後のI have to clean them all over again. で，その理由がI left some candy in my pocket when I washed my jeans. ということ。themはmy jeansを指していて，all over againは「もう1度」という意味。

No. 15　解答　1

★：Excuse me. Do you have this cap in black?
☆：Sorry, we only have green.
★：Do your other stores have black?
☆：I'll check. Please wait while I call them.
Question：What will the woman do next?

★：すみません。この帽子の黒はありますか。
☆：申し訳ありません，緑しかありません。
★：他の店に黒はありますか。
☆：確認します。他の店に電話する間，お待ちください。
質問：女性はこの後何をしますか。

1 他の店にたずねる。
2 黒いコートを探す。
3 時間を確認する。
4 緑色の帽子を売る。

解説　店内の会話。店員の女性は最後にPlease wait while I call them. と言っているので，I call them が次にすること。callは「～に電話する」，themは男性のyour other storesを受けて「当社の他の店」ということなので，Ask other stores.「他の店にたずねる」と言い換えている**1**が正解。

Day 6

No. 16　解答　2

☆：You were late today. Did you get up late?

★：No, Ms. Brown. I got up at the same time as usual.

☆：Well then, what happened?

★：There was an accident, and the bus didn't come on time.

Question：Why was the boy late for school today?

☆：今日は遅刻だったわね。寝坊したの？

★：いいえ，ブラウン先生。いつもと同じ時刻に起きました。

☆：それでは，どうしたの？

★：事故があって，バスが時間どおりに来なかったんです。

質問：男の子はなぜ今日学校に遅刻したのですか。

1 彼は寝坊した。

2 バスが遅れた。

3 彼は事故にあった。

4 通りが込んでいた。

解説　Did you get up late?に男の子はNoと答えているので，**1**は不正解。最後のthe bus didn't come on timeが遅刻した理由で，on timeは「時間どおりに」という意味。There was an accidentとあるが，男の子が事故にあったわけではないので**3**も不正解。

No. 17　解答　3

☆：Have you seen the new movie *Star Trip 2240*?

★：Yes, I saw it three times.

☆：Wow, I only saw it once. You really love that movie, don't you?

★：Yes, I do. I want to see it again.

Question：How many times has the man seen the new movie?

☆：新作映画の『スタートリップ2240』を見た？

★：うん，3回見たよ。

☆：うわあ，私は1回しか見ていないわ。あなたは本当にあの映画が大好きなのね。

★：うん，そうだよ。また見たいと思っているんだ。

質問：男性は新作映画を何回見ましたか。

1 1回。　　　　　**2** 2回。　　　　　**3** 3回。　　　　　**4** 4回。

解説　the new movie *Star Trip 2240*が話題になっていて，男性はI saw it three timesと言っているので**3**が正解。女性のI only saw it onceを聞いて**1**を選んでしまわないように注意する。

No. 18　解答　**3**

★：Sandy, can I borrow your tennis racket this afternoon?

☆：Sorry, my sister is going to use it.

★：That's OK.　Do you think Sam will lend me one if I ask him?

☆：Yeah, he always carries two rackets.

Question：Who will the boy ask to lend him a tennis racket?

★：サンディー，君のテニスラケットを今日の午後借りてもいい？

☆：ごめんなさい，私の姉[妹]が使う予定なの。

★：大丈夫だよ。もしサムに頼んだらぼくにラケットを貸してくれると思う？

☆：ええ，彼はいつもラケットを2つ持っているわ。

質問：男の子は誰にテニスラケットを貸してくれるよう頼みますか。

1 サンディー。　　　　　　　　**2** サンディーの姉[妹]。

3 サム。　　　　　　　　　　　**4** サムの姉[妹]。

解説 borrowは「～を借りる」，lendは「～を貸す」。男の子はサンディーのテニスラケットを借りようとしたが，サンディーはmy sister is going to use itと答えている。男の子のDo you think Sam will lend me one if I ask him?という質問と，女の子の応答Yeah ...から判断する。

No. 19　解答　**2**

★：Hi, Linda.　Where are you going?

☆：I'm going to the bookstore.

★：Can I go with you?　I want to buy a soccer magazine.

☆：Sure.

Question：What will the boy do next?

★：やあ，リンダ。どこへ行くの？

☆：書店へ行くのよ。

★：ぼくも一緒に行っていい？　サッカーの雑誌を買いたいんだ。

☆：いいわよ。

質問：男の子は次に何をしますか。

1 本を売る。

2 書店へ行く。

3 リンダとサッカーをする。

4 リンダの家を訪ねる。

解説 男の子のCan I go with you?は，bookstore「書店」へ行くところだと言ったリンダと一緒に行っていいかどうかをたずねる質問。これに対してリンダは，Sure.「いいわよ」と答えている。

Day
6

No. 20　解答　4

☆: Hello. This is Mary Winters. May I speak to Mr. Johnson?
★: I'm sorry, but he's out of town until Wednesday.
☆: Please tell him our meeting date has changed from Thursday to Friday.
★: All right. I'll let him know.
Question: When is the meeting?

☆: もしもし。メアリー・ウィンターズと申します。ジョンソンさんとお話しできますか。
★: すみませんが，彼は水曜日まで町を離れています。
☆: 私たちの打ち合わせ日が木曜日から金曜日に変更になったことを彼にお伝えください。
★: 承知いたしました。彼に申し伝えます。
質問: 打ち合わせはいつですか。

1 火曜日に。　　**2** 水曜日に。
3 木曜日に。　　**4** 金曜日に。

解説　電話での会話。女性はPlease tell himの後に，ジョンソンさんに伝えてほしい内容を言っている。our meeting date has changed from Thursday to Fridayから，電話の女性とジョンソンさんの打ち合わせ日が金曜日に変更になったことがわかる。

第3部　🔊122〜132

No. 21　解答　3

Last Sunday, Peter went to a zoo with his family. There were many kinds of animals, such as monkeys and lions. Peter liked the elephants best, and his little brother liked the bears. They had a very good time.
Question: Which animal did Peter like best?

先週の日曜日に，ピーターは家族と動物園に行った。サルやライオンなどたくさんの種類の動物がいた。ピーターはゾウがいちばん気に入り，彼の弟はクマが気に入った。彼らはとても楽しい時間を過ごした。
質問: ピーターはどの動物がいちばん気に入りましたか。

1 サル。　　**2** ライオン。
3 ゾウ。　　**4** クマ。

解説　動物名が複数出てくるが，Peter liked the elephants bestから**3**が正解。**4**のbearsは，his little brother「彼（ピーター）の弟」が気に入った動物。many kinds of 〜は「たくさんの種類の〜」，such as 〜は「〜のような」という意味。

No. 22 解答 1

Cindy has been absent from school for two days. Because Daniel lives near her house, Mr. Williams told him to take some papers to her. Daniel asked Beth and Mike to go with him.

Question：Who lives near Cindy's house?

シンディーは2日間学校を休んでいる。ダニエルが彼女（かのじょ）の家の近くに住んでいるので，ウィリアムズ先生は彼に，彼女（かのじょ）に書類を持っていくよう言った。ダニエルはベスとマイクに一緒（いっしょ）に行ってくれるよう頼（たの）んだ。

質問（しつもん）：シンディーの家の近くに住んでいるのは誰（だれ）ですか。

1 ダニエル。　　　　　**2** ウィリアムズ先生。
3 ベス。　　　　　　　**4** マイク。

解説　Daniel lives near her house のher は，前の文で登場したCindy のことなので**1** が正解（せいかい）。学校を休んでいるシンディーに対して，近くに住むダニエルが書類を届けるという流れになっている。be absent from 〜 は「〜を休む，欠席する」という意味。

No. 23 解答 3

Sally can play the guitar well. She has been playing in a band for five years. Now, she wants to learn another instrument. Next week, she'll go to a music school to learn the trumpet.

Question：What will Sally do next week?

サリーはギターを弾（ひ）くのが上手だ。彼女（かのじょ）はバンドで5年間演奏（えんそう）している。今，彼女（かのじょ）は別の楽器を習いたいと思っている。来週，彼女（かのじょ）はトランペットを習いに音楽学校へ行く予定だ。

質問（しつもん）：サリーは来週何をしますか。

1 音楽学校で教える。
2 バンドで演奏（えんそう）する。
3 トランペットを習う。
4 新しいギターを買う。

解説　Next week「来週」以降（いこう）の聞き取りに注意する。she'll go to a music school の目的が to learn the trumpet「トランペットを習うために」とあるので正解（せいかい）は**3**。band は「バンド」，instrument は「楽器」という意味。

No. 24 解答 3

Good afternoon, passengers. Welcome aboard Northern Air flight 122 for New York. We will be taking off in a few minutes. Please make sure that your seat belt is fastened. Thank you.

Question：Where is the woman talking?

乗客（みなさま）の皆様，こんにちは。ノーザン航空122便ニューヨーク行きにご搭乗（とうじょう）いただき，ありがとうございます。当機は数分で離陸（りりく）いたします。シートベルトが締まっているかお確かめください。ご協力ありがとうございます。

質問（しつもん）：女性（じょせい）はどこで話していますか。

1 ホテルで。　　　　　**2** 駅で。
3 飛行機で。　　　　　**4** バスで。

解説　passengers「乗客」，Welcome aboard 〜「ご搭乗（とうじょう）いただき，ありがとうございます」，flight 122「122便」，We will be taking off「離陸（りりく）します」，seat belt「シートベルト」などから，女性（じょせい）は plane「飛行機」で機内放送をしていることがわかる。fasten は「〜を締（し）める」という意味。

No. 25 解答 **2**

I really like my dog Lucky. He was a birthday present from my parents. I take him for a walk every day. He likes to go to the park near my house. We usually play with a ball there.

Question：What is the boy talking about?

ぼくは犬のラッキーが大好きだ。ラッキーは両親からの誕生日プレゼントだった。ぼくは毎日，ラッキーを散歩に連れていく。ラッキーは家の近くの公園に行くのが好きだ。ぼくたちは普段そこでボールで遊ぶ。

質問：男の子は何について話していますか。

1 両親へのプレゼント。
2 誕生日にもらった犬。
3 彼が住んでいるところ。
4 ボールでの遊び方。

解説　最初の I really like my dog Lucky. で話題が示され，次の文で犬のラッキーが a birthday present「誕生日プレゼント」だったことが説明されている。その後もラッキーの世話に関する話が続いており，これらの内容をまとめている **2** が正解。

No. 26 解答 **4**

Attention, students. We'll have a special guest today. He's a zookeeper and will talk about taking care of animals. It'll start at two and end at four in the school gym, so be there ten minutes before, by one fifty.

Question：What time will the event end?

生徒の皆さんに連絡いたします。今日は特別なゲストをお迎えします。彼は動物園の飼育係で，動物たちの世話について話します。体育館で2時に始まり4時に終わるので，10分前の1時50分にはそこにいるようにしてください。

質問：行事は何時に終わりますか。

1 1時10分に。　　　　　　　**2** 1時50分に。
3 2時に。　　　　　　　　　**4** 4時に。

解説　event とはアナウンスで述べられた zookeeper「動物園の飼育係」による話のこと。この話が行われる時間については，It'll start at two and end at four と説明されている。質問では終了時間をたずねているので **4** を選択する。**2** の1:50は集合時間，**3** の2:00は開始時間。

No.27 解答 **3**

I work at a supermarket from Mondays to Fridays. I teach English to children on Saturdays. And on Sundays, I usually go to the gym to exercise.

Question：What does the woman usually do on Sundays?

私は月曜日から金曜日まで，スーパーマーケットで働いている。土曜日には，子どもたちに英語を教えている。そして日曜日には，私はたいていジムに運動をしに行く。

質問：女性は日曜日にはたいてい何をしますか。

1 店で物を売る。
2 子どもたちに英語を教える。
3 ジムで運動をする。
4 息子と遊ぶ。

解説　And on Sundays で始まる最後の文で，日曜日にすることが説明されている。I usually go to the gym の目的が to exercise「運動をするために」と説明されているので，正解は **3**。from Mondays to Fridays や on Saturdays の行動と混同しないように注意する。

No. 28　解答　4

Last Tuesday, I went to see a new adventure movie. When I arrived at the theater, there was a long line of people waiting to buy tickets. I had to wait 30 minutes to use the ticket machine.

Question：Why did the boy have to wait?

先週の火曜日，ぼくは新しい冒険映画を見に行った。映画館に着くと，チケットを買うために待っている人の長い列があった。ぼくは券売機を利用するのに30分待たなければならなかった。

質問：男の子はなぜ待たなければならなかったのですか。

1 彼はチケットを忘れた。
2 券売機が故障していた。
3 映画館がまだ開いていなかった。
4 多くの人がチケットを買っていた。

解説　男の子が待たなければならなかった理由は，there was a long line of people waiting to buy ticketsで，それを短くまとめた**4**が正解。

No. 29　解答　4

I went to a store to buy a birthday present for my father. He likes blue, so I wanted to buy him a blue sweater, but there were no blue ones. I decided to buy a purple one instead.

Question：What was the girl's problem?

私は父の誕生日プレゼントを買いに店に行った。父は青が好きなので，父に青いセーターを買いたかったが，青いセーターはなかった。代わりに紫のセーターを買うことにした。

質問：女の子の問題は何でしたか。

1 彼女はプレゼントを買えなかった。
2 彼女は店を見つけられなかった。
3 彼女の父親は紫が好きではなかった。
4 青いセーターがなかった。

解説　a birthday present for my father「父への誕生日プレゼント」が話題。I wanted to 〜, but ...「〜したかったが，…」という流れになっている。butの後のthere were no blue onesから**4**が正解。ここではonesはsweatersの代わりに使われている。

Day
6

No. 30 解答 **3**

Makoto plans to go to Europe this summer. He is going to spend two weeks in London and three weeks in Paris. Because he has only a month before his trip, he is working hard to make money.

Question：How long is Makoto going to stay in Paris?

マコトは今年の夏，ヨーロッパへ行くことを計画している。彼はロンドンで2週間，パリで3週間過ごすつもりだ。旅行まで1か月しかないので，彼はお金を稼ぐために一生懸命働いている。

質問：マコトはパリにどのくらい滞在する予定ですか。

1 1週間。

2 2週間。

3 3週間。

4 1か月。

解説 マコトのパリでの滞在期間が問われている。He is going to spend ... three weeks in Paris. から判断する。two weeks in London「ロンドンに2週間」を聞いて**2**を選ばないように注意する。plan(s) to ～は「～する計画である」，spendは「(時)を過ごす」という意味。

MEMO

面接（スピーキングテスト）
解答と解説

問題編 p.92〜95

問題カードA ◀)) **133〜137**

全訳

デパート

多くの人がデパートで買い物をするのを楽しむ。デパートにはたくさんの種類の品物が売られているので，そこは人々が買い物をするのに便利な場所だ。たいていのデパートには中にレストランもある。

No. 1　パッセージを見てください。デパートはなぜ人々が買い物をするのに便利な場所なのですか。

No. 2　イラストを見てください。めがねをかけた女性は何をしていますか。

No. 3　男性を見てください。彼は何をしようとしていますか。

さて，〜さん，カードを裏返しにしてください。

No. 4　あなたは今週末，何をする予定ですか。

No. 5　あなたは何か冬のスポーツに挑戦したことがありますか。

　　　　Yes.→もっと説明してください。　　No.→あなたはひまなときに何をすることが好きですか。

No. 1

解答例

Because they sell many kinds of things.

解答例の訳

たくさんの種類の品物が売っているからです。

解説　department stores は「デパート」，convenient は「便利な」という意味。2文目に正解が含まれているが，解答する際は，①質問の主語と重なる Department stores を3人称複数の代名詞 they に置き換える，②文の後半 so they are convenient places for people to shop「だから，そこは人々が買い物をするのに便利な場所だ」は質問と重なる内容なので省く，という2点に注意する。

No. 2

解答例

She is talking on the phone.

解答例の訳

彼女は電話で話しています。

解説　イラスト中の the woman with glasses「めがねをかけた女性」に関する質問。質問の What is 〜 doing? は，「〜は何をしていますか」という現在進行形の疑問文になっているので，解答でも質問に合わせて She's〔She is〕talking on the phone. という現在進行形を使って答える。なお，解答では，質問の主語を She に置き換える点に注意する。「電話で話す」は talk on the phone という表現。

No. 3

解答例 かいとうれい	解答例の訳 かいとうれい やく
He is going to buy a toy car.	彼はおもちゃの車を買おうとしています。 かれ

解説 イラスト中の男性に関する質問。be going to ～は「～しようとしている」という意味で，男性
だんせい　　　しつもん
がこれからとる行動は吹き出しの中に描かれている。質問に合わせて，He's[He is] going to ～（動詞
ふ　　　　　えが
の原形）.の形で答える。動詞にはbuy「～を買う」を使い，この後に「おもちゃの車」を意味するa toy
どうし
carを続ける。

No. 4

解答例 かいとうれい	解答例の訳 かいとうれい やく
I'm planning to go hiking with my family.	私は家族とハイキングに行く予定です。 わたし

解説 質問ではplan to ～（動詞の原形）「～する計画を立てる」が現在進行形で使われていて，be
しつもん　　　　　どうし　　　　　　　　　　　　　　　　　げんざい
planning to ～で「～する予定だ」という意味。this weekend「今週末」の予定を，質問に合わせてI'm
しつもん
planning to ～（動詞の原形）.の形で答える。
どうし

No. 5

解答例（Yes.と答えた場合） かいとうれい	解答例（Yes.と答えた場合）の訳 かいとうれい やく
I went ice skating last winter.	私は昨年の冬にアイススケートに行きました。 わたし

解答例（No.と答えた場合） かいとうれい	解答例（No.と答えた場合）の訳 かいとうれい やく
I like to read books.	私は読書をすることが好きです。 わたし

解説 最初の質問Have you ever ～（過去分詞）?は「今までに～したことがありますか」という意味で，
しつもん　　　　　か　こぶんし
winter sports「冬のスポーツ」をしたことがあるかどうかをYes (, I have). / No (, I haven't).で答え
る。Yesの場合の2番目の質問Please tell me more.には，どんな冬のスポーツを，いつ，誰としたかな
しつもん　　　　　　　　　　　　　　　　　　　　　　　　　　　　　だれ
どを答えればよい。Noの場合の2番目の質問What do you like to do in your free time?には，free
しつもん
time「ひまなとき」に何をすることが好きかをI like to ～の形で答える。解答例の他に，（Yesの場合）
かいとう
My family and I go skiing every year.「私は家族と毎年スキーに行きます」，（Noの場合）I like to
わたし
listen to music.「私は音楽を聞くことが好きです」のような解答も考えられる。
わたし　　　　　　　　　　　　　　　　　　　　かいとう

Day
7

ぜんやく
全訳

ピクニック

多くの人がピクニックに行くのが好きだ。晴れた日に家族と一緒に外で食事をするのは楽しい。おいしい昼食を作りたいので，とても早起きする人たちもいる。

No. 1 パッセージを見てください。なぜとても早起きする人たちがいるのですか。

No. 2 イラストを見てください。何人の子どもがボールで遊んでいますか。

No. 3 女性を見てください。彼女は何をしていますか。

さて，〜さん，カードを裏返しにしてください。

No. 4 あなたはどんな種類の映画がいちばん好きですか。

No. 5 あなたは外国へ行ったことがありますか。

Yes.→もっと説明してください。　　No.→あなたは夕食後たいてい何をしますか。

No. 1

解答例	解答例の訳
Because they want to make a delicious lunch.	おいしい昼食を作りたいからです。

解説　get upは「起きる」，earlyは「早く」という意味。3文目に正解が含まれているが，解答する際は，①質問の主語と重なるSome peopleを3人称複数の代名詞theyに置き換える，②文の後半so they get up very early「だから，彼らはとても早起きする」は質問と重なる内容なので省く，という2点に注意する。

No. 2

解答例	解答例の訳
Three children are (playing with a ball).	3人です［3人の子どもがボールで遊んでいます］。

解説　How many 〜（複数名詞）？「いくつの〜，何人の〜」は数をたずねる表現で，childrenはchild「子ども」の複数形。イラストに描かれた子どもの人数が問われている。質問はare playingという現在進行形〈am/is/are＋動詞の〜ing〉になっている。イラストでは3人の子どもがball「ボール」で遊んでいるが，単にThree (children).と答えるのではなく，質問の現在進行形に合わせて，Three children are (playing with a ball).という文にする。

86

No. 3

解答例	： 解答例の訳
She's riding a bicycle.	： 彼女は自転車に乗っています。

解説 イラスト中の女性に関する質問。質問の What is ～ doing? は，「～は何をしていますか」という現在進行形の疑問文。「自転車に乗る」は ride a bicycle [bike] という表現で，質問に合わせて She's [She is] riding a bicycle. という現在進行形で答える。

No. 4

解答例	： 解答例の訳
I like action movies best.	： 私はアクション映画がいちばん好きです。

解説 What kind of ～ は「どのような種類の～」という意味で，自分がいちばん好きな movies「映画」の種類（ジャンル）を I like ～（the）best. の形で答える。具体的な映画のタイトルを答えないように注意する。映画の種類には解答例の他に，adventure movies「冒険映画」，science-fiction movies「SF映画」，animated movies「アニメ映画」などがある。

No. 5

解答例（Yes. と答えた場合）	： 解答例（Yes. と答えた場合）の訳
I went to Canada last summer.	： 私は昨年の夏カナダへ行きました。

解答例（No. と答えた場合）	： 解答例（No. と答えた場合）の訳
I play computer games with my brother.	： 私は兄 [弟] とコンピューターゲームをします。

解説 最初の質問 Have you ever been to ～? は「今までに～へ行ったことがありますか」という意味で，a foreign country「外国」へ行ったことがあるかどうかを Yes (, I have). / No (, I haven't). で答える。Yes の場合の2番目の質問 Please tell me more. には，どの国へ，いつ，誰と行ったかなどを答えればよい。No の場合の2番目の質問 What do you usually do after dinner? には，after dinner「夕食後」に何をするかを I (usually) ～ で始めて答える。解答例の他に，（Yes の場合）I've been to Korea twice.「私は韓国へ2回行ったことがあります」，（No の場合）I usually watch TV.「私はたいていテレビを見ます」のような解答も考えられる。

Day 7